노벨 평화상과 김대중

다큐동화로 만나는 한국 근현대사 ⑮
노벨 평화상과 김대중

1판 1쇄 인쇄 | 2012. 11. 27.
1판 1쇄 발행 | 2012. 11. 30.

이정범 글 | 김호민 그림

발행처 김영사
발행인 박은주
편집인 박숙정
편집장 전지운
편집 고영완 문자영 김진희 김지아 박은희 김효성 김보민
전략기획실 이소영 최병윤 이은경 김은중 강미선
만화연구소 김준영 김재윤
미디어기획부 이경훈 박준기 김학민 임지원
해외저작권 박선하
디자인 김순수 전성연 이설아 윤소라 고윤이
디자인 진행 씨오디
마케팅 이희영 이재균 박진옥 정민영 양봉호 강점원 김대현 정소담
제작 안해룡 김일환 박상현 김수연
사진제공 연합포토

등록번호 제 406-2003-036호
등록일자 1979. 5. 17.
주소 경기도 파주시 문발동 파주출판단지 515-1(우413-756)
전화 마케팅부 031-955-3102 편집부 031-955-3113~20
팩스 031-955-3111

ⓒ 2012 이정범 · 김호민
값은 표지에 있습니다.
ISBN 978-89-349-5950-2 74900
ISBN 978-89-349-5458-3(세트)

좋은 독자가 좋은 책을 만듭니다.
김영사는 독자 여러분의 의견에 항상 귀 기울이고 있습니다.
독자의견전화 031-955-3139 | 전자우편 book@gimmyoung.com
홈페이지 www.gimmyoungjr.com | 어린이들의 책놀이터 cafe.naver.com/gimmyoungjr

다큐동화로 만나는 한국 근현대사 ⑮

노벨 평화상과 김대중

이정범·글 김호민·그림

주니어김영사

머리말

아직은 근현대사가 낯선 어린이들에게

　이 책은 '다큐동화로 만나는 한국 근현대사' 시리즈의 마지막 권입니다. 어린이들에게는 다큐동화라는 말이 낯설게 여겨질지도 모르겠습니다. 여기에서 '다큐'란 다큐멘터리의 줄임말로 글이나 사진, 영상물 등으로 남겨진 사실적인 기록을 뜻하며 '기록 문학'이란 말과 비슷한 용어입니다. 그러니까 다큐동화는 '사실적인 기록에 바탕을 두어 동화처럼 꾸며 낸 이야기'라고 볼 수 있습니다.

　모두 15권으로 이루어진 이 시리즈는 우리나라 근대와 현대를 움직였던 인물을 중심으로 가까운 과거의 이야기를 정리한 역사책입니다. 따라서 우리 부모님과 조부모님, 더 나아가서는 증조부모님이나 고조부모님이 어렸을 때의 나라 사정이 어땠는지, 그분들이 어떻게 지금과 같은 사회를 만들었는지 이 시리즈를 통해 생생하게 느낄 수 있으리라 봅니다.

　근현대사는 고조선, 삼국 시대, 고려, 조선 시대의 역사보다 훨씬 실감 나며 현대 사회에 직접적인 영향을 주고 있습니다. 그래서 국사 교과서를 보더라도 근현대사가 고대사와 중세사를 합친 것만큼의 비율을 차지할 정도로 중요하게 다루어집니다. 다만 가까운 과거의 이야기이다 보니 역사적인 평가를 내리는 일이 여간 까다롭지 않습니다. 똑같은 사실을 두고도 그것을 보는 사람들의 이념과 입장에 따라 크게 다르거나 아예 정반대로 해석하는 일도 많습니다.

이 시리즈는 우리나라 국민의 자유와 평등, 정의로운 사회, 민주주의, 그리고 자주독립과 민족 통일을 위해 애쓴 분들을 각 권의 중심인물로 다루었습니다. 미처 소개하지 못한 분들도 많이 있지만 여기에 등장하는 인물만으로도 우리 근현대사의 흐름을 한눈에 살펴보기에 충분할 것입니다.

이번 책의 주인공은 우리나라의 민주주의와 남북의 화해, 평화를 위해 노력한 김대중 전 대통령입니다. 김대중은 우리나라의 역대 대통령 중에서도 가장 깊고 풍부한 지식을 가졌으며 연설을 잘했던 정치인으로 손꼽힙니다. 그러나 김대중의 생애는 끝없는 도전과 시련의 연속이었습니다. 권력자들에게 죽음의 위협을 받고 구사일생으로 살아난 적도 한두 번이 아니었습니다.

김대중은 그런 시련을 이겨내고 줄기차게 한반도와 세계 평화를 위해 노력했으며 그 공을 인정받아 한국 최초로 노벨 평화상을 받았습니다.

이 책을 통해 김대중 대통령이 펼친 햇볕 정책의 의미와 세계 유일의 분단 국가인 남한과 북한이 어떻게 통일해야 옳은지 생각해 보길 바랍니다.

2012년 11월, **이정범**

차 례

머리말 _4

남북 정상, 50여 년 만의 만남 _9
지식의 폭을 넓히는 역사 수첩 _ 6·15 남북 공동 선언의 내용 _14

강인한 어머니와 자상한 아버지 _15

청년 사업가로 성공하다 _23

국회 의원 출마 4전 4패 _36
지식의 폭을 넓히는 역사 수첩 _ 민의원과 참의원 _47

정치 활동을 시작하다 _48
지식의 폭을 넓히는 역사 수첩 _ 기네스북에 오른 김대중의 발언 _59

대통령 선거에 나서다 _60
지식의 폭을 넓히는 역사 수첩 _ 산아 제한 정책 _71

죽음의 문턱을 넘다 _72
지식의 폭을 넓히는 역사 수첩 _ 혼·분식 장려 정책과 라면 _84

3·1절에 발표한 민주구국선언 _85

다시 맞은 죽음의 위기 _98

30만 명의 환영 인파 _110
지식의 폭을 넓히는 역사 수첩 _ 김대중 내란 음모 사건의 진실 _120

노벨 평화상의 영광을 국민에게 _121
지식의 폭을 넓히는 역사 수첩 _ 2002년 한일 월드컵과 거리 응원 _138

깊이를 더하는
역사 수업 ▶ 남한과 북한의 통일 정책_139

(남북 정상, 50여 년 만의 만남)

2000년 6월 13일부터 15일까지 김대중 대통령과 북한의 김정일 국방위원장이 서로 만나 통일 문제와 경제 협력 등을 상의했다. 그리고 6월 15일에는 6·15 공동 선언을 발표했다. 남한과 북한에 서로 다른 정부가 세워진 뒤 52년 만에 양쪽 정상이 만나서 이뤄진 뜻깊은 선언이었다.

서울과 평양은 약 200킬로미터 떨어져 있어 자동차로 가면 3시간 정도, 비행기로 가면 1시간도 채 걸리지 않는 가까운 거리이지만 정상 회담은 남북이 분단되고 50년 이상 지나서야 이루어졌다.

김대중 대통령은 6월 13일 아침, 수백 명의 수행원, 기자들과 함께 대한항공 특별기를 타고 서울을 출발해 오전 10시 30분쯤, 평양 순안 공항에 도착했다. 김대중 대통령이 비행기 트랩에서 내리자 공항에서 기다리고 있던 수천 명의 평양 시민들이 종이로 만든 붉은 꽃술을 흔들며 뜨겁게 환영했다.

정상 | 산의 맨 꼭대기를 뜻하는 말로, 한 나라의 최고 수뇌를 가리키는 말로도 쓰인다.

곧이어 공항 입구에서 기다리고 있던 김정일 위원장이 나타났다. 김정일 위원장이 순안 공항으로 직접 나가 손님을 맞는 것은 매우 드문 일이었다. 남한 사람들은 텔레비전 생중계로 그 장면을 지켜보았다.

붉은 카펫이 깔려 있는 비행장에서 남북 정상은 마주 서서 악수를 했다.

"반갑습니다. 어서 오십시오."

"반갑습니다. 여기까지 오는 데 50년이 걸렸습니다."

환영 인사를 마친 남북 정상은 함께 승용차를 타고 평양 시가지로 향했다. 수십만 명의 평양 시민들이 길 양쪽을 가득 메우고 공항에서처럼 열렬히 꽃술을 흔들며 환영했다.

남한의 시청자들은 북한 사람들의 모습이 낯설었지만 남북 정상이 함께 승용차를 타고 숙소로 향하는 모습을 보고 크게 감동했다. 금방이라도 통일이 될 것만 같았다.

김대중 대통령은 사흘 동안 평양의 백화원 영빈관에 머물렀다. 북한을 찾는 국빈들이 주로 이용하는 백화원 영빈관은 평양 중심지에서 북동쪽으로 10분 거리에 있다. 백화원은 건물 주변의 정원에 100가지 꽃이 피어난다고 해서 '백화원'이라는 이름이 붙었다. 3층으로 이뤄진 세 개의 건물이 서로 이어져 있고 주변으로 울창한 숲이 있으며 건물 앞으로는 대동강이 흐르는 아름다운 곳이다.

김대중 대통령은 그곳에서 머무는 동안 몇 차례에 걸쳐 김정일 위원장과 회담을 가졌고 틈틈이 평양의 여러 역사 유적을 관람하거나 환영 행사에 참석했다.

남북 정상은 6월 14일 오후 3시부터 3시간 50분 동안의 긴 회담을 한 끝에 6·15 공동 선언을 합의했다. 이 선언은 7·4 남북 공동 성명을 비롯해 남한과 북한이 함께 발표했던 몇 가지 성명서와 함께 역사적으로 중요한 의의가 있다.

6·15 공동 선언은 모두 다섯 가지 조항으로 이뤄졌는데, 남북한이 자주적으로 통일을 이루겠다는 것과 1국가 2체제의 느슨한 연방 형태로 통일을 추진해 나가겠다는 내용이 핵심이다. 이때 연방 형태 또는 1국가 2체제는 남한의 전문가들 사이에 많은 논란을 일으키기도 했다.

김대중 대통령은 1998년 취임한 이후 남한과 북한 사이의 긴장을 줄이며 북한 사회의 개혁과 개방을 이끌기 위한 정책을 펼치겠다는 뜻을 밝혔다. 이러한 김대중 대통령의 대북 정책을 흔히 '햇볕 정책'이라고 부른다.

햇볕 정책이라는 말은 이솝 우화로부터 나왔다. 이솝 우화 중에는 태양과 바람이 내기를 하는 이야기가 있다. 한 나그네가 길을 가는 모습을 보고 태

국빈 | 나라의 손님으로 대우를 받는 외국인을 말한다. 대통령 등이 국빈으로 외국을 방문할 때는 그 나라 최고의 예우를 받게 된다.

▲ 환영하는 북한 사람들에게 손을 흔드는 김대중 대통령 |2000년 6월 13일, 남북이 분단된 지 50여 년 만에 남북의 정상이 만났으며 6월 15일 역사적인 남북 공동 선언을 발표했다.

    양이 바람에게 누가 먼저 나그네의 외투를 벗기는지 내기를 제안했다. 바람은 강풍을 불어 단숨에 옷을 벗겨 버릴 거라고 장담했지만 바람이 거세질수록 나그네는 옷깃을 단단히 붙들었다. 하지만 태양은 이글이글 햇볕을 내리쬐어 나그네의 외투를 쉽게 벗길 수 있었다.

    이 우화처럼 김대중 대통령은 북한을 개방시키기 위해서 남한이 먼저 손을 내밀고 도와주는 방법을 택했다. 그래야 북한도 굳게 잠갔던 빗장을 풀 것이라고 여겼다. 그로부터 2년이 지나 남북 분단 후 처음으로 남북 정상 회담이 열렸고, 역사적인 6·15 공동 선언을 발표한 것이다. 이와 같이 김대중 대통령의 평화와 남북 화해를 위한 노력은 한반도뿐 아니라 동아시아와 전 세계에 큰 영향을 주었다.

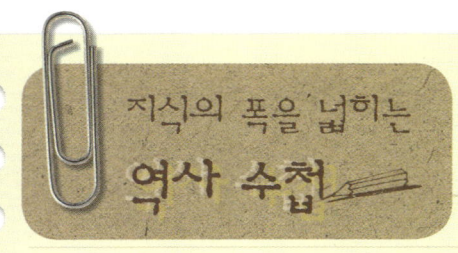

6·15 남북 공동 선언의 내용

대한민국 김대중 대통령과 조선민주주의인민공화국 김정일 위원장은 2000년 6월 13일부터 6월 15일까지 평양에서 역사적인 상봉을 하고 정상 회담을 가졌다.

남북 정상은 분단 역사상 처음으로 열린 상봉과 회담이 서로 이해를 증진시키고 남북 관계를 발전시키며 평화 통일을 실현하는 데 중대한 의의를 가진다고 평가했다.

6·15 남북 공동 선언의 주요 내용은 다음과 같다.

▲ 2000년 6월 14일 남북 정상 회담

1. 남과 북은 나라의 통일 문제를 그 주인인 우리 민족끼리 서로 힘을 합쳐 자주적으로 해결해 나가기로 하였다.
2. 남과 북은 나라의 통일을 위한 남측의 연합 제안과 북측의 낮은 단계의 연방 제안이 서로 공통성이 있다고 인정하고 앞으로 이 방향에서 통일을 지향시켜 나가기로 하였다.
3. 남과 북은 올해(2000년) 8·15에 즈음하여 흩어진 가족, 친척 방문단을 교환하며 비전향 장기수 문제를 해결하는 등 인도적 문제를 조속히 풀어 나가기로 하였다.
4. 남과 북은 경제 협력을 통하여 민족 경제를 균형적으로 발전시키고 사회·문화·체육·보건·환경 등 제반 분야의 협력과 교류를 활성화하여 서로의 신뢰를 다져 나가기로 하였다.
5. 남과 북은 이상과 같은 합의 사항을 조속히 실천에 옮기기 위하여 빠른 시일 안에 당국 사이의 대화를 개최하기로 하였다.

(강인한 어머니와 자상한 아버지)

　김대중은 일제 강점기인 1924년 1월, 전라남도 신안군의 외딴 섬 하의도에서 태어났다. 신안군 하의면 후광리라고 불리는 그곳은 목포에서 배를 타고 다도해 쪽으로 두어 시간쯤 가야 나타나는 작은 섬이다. 김대중은 훗날 고향 마을의 이름을 따서 '후광'이라는 호를 지었다. 김대중이 어렸을 때는 후광리를 '원후광'으로 불렀다.
　어린 시절 김대중은 집 뒤쪽에 있는 낮은 언덕에 올라가 바다를 내려다보는 것을 좋아했다. 그래서 먼 훗날 대통령을 지낸 뒤에도 넓고 넓은 바다가 내려다보이는 작은 언덕에 기와집 한 채를 짓고 살겠다는 어렸을 때의 꿈을 버리지 못했다.
　아버지 김운식은 정이 많은 데다 예술적인 소양이 깊었다. 김운식은 틈만 나면 남도 민요를 즐겨 불렀고 흥이 날 때는 춤도 잘 추었다. 반면 어머니는 독립심이 강하며 사리가 분명한 성격이었다.

김대중이 예닐곱 살 때의 일이었다.

하루는 마을을 자주 찾던 엿장수가 술에 취해 길가에서 쿨쿨 잠을 자고 있었다. 그때 마을 아이들이 말했다.

"대중아, 저 아저씨가 잠든 게 분명하지?"

"글쎄……. 그런데 왜?"

"쉬잇! 조용히 해. 우리 이 틈에 하나씩 슬쩍 하자."

아이들은 살금살금 엿장수 곁으로 다가갔다.

당시 엿장수는 작은 섬들을 다니며 장사를 했는데, 엿만 파는 게 아니라 온갖 생활용품과 화장품 등도 팔았다. 그날 엿장수는 술에 취해 세상모르고

잠이 들어 있었다. 아이들은 엿장수 옆에 놓인 지게 소쿠리에서 저마다 탐나는 물건을 한 가지씩 집어서 줄행랑쳤다. 그때 김대중은 아버지를 생각하며 담뱃대를 집어들었다. 아버지가 낡은 담뱃대를 쓰는 것이 늘 안타까웠기 때문이었다.

'이걸 아버지께 가져다 드리면 얼마나 좋아하실까?'

김대중은 그런 생각을 하며 냅다 집으로 달려갔다. 그런데 그만 집 앞에서 어머니에게 들키고 말았다. 어머니의 무서운 눈빛을 보고 김대중은 그제야 자신의 잘못을 깨달았다.

"대중아, 그거 어디서 난 거니?"
어머니가 묻자 김대중은 기어 들어가는 목소리로 대답했다.
"저기 엿장수 아저씨가 낮잠을 자고 있어서 아이들이랑……."
"뭐야? 너 당장 싸리나무 가지로 회초리를 만들어 오너라."
김대중은 어머니의 말대로 싸리나무 가지를 잘라 내밀었다.
"어린 녀석이 벌써부터 도둑질을 해? 예로부터 바늘 도둑이 소 도둑 된다는 말이 있다. 어서 종아리 걷어."

김대중은 종아리에 피가 밸 정도로 회초리를 맞았다. 그것으로 그친 게 아니었다.

"그 엿장수 아저씨가 어디서 자고 있니? 앞장서라."

김대중은 엿장수가 자고 있는 곳으로 어머니를 안내했다. 엿장수는 여전히 코를 골며 자고 있었다. 어머니는 김대중이 집어 왔던 담뱃대를 도로 지게 소쿠리에 넣고 엿장수를 흔들어 깨웠다.

"이봐요, 아저씨! 어서 일어나 보세요."

엿장수가 겨우 눈을 뜨자 어머니가 따졌다.

"아저씨가 얼마나 부자인지 모르겠지만 이런 물건을 내팽개치고 잠을 자도 됩니까?"

엿장수는 잠이 덜 깬 얼굴로 김대중과 어머니를 번갈아 바라보았다.

"그, 그러니까……."

어머니가 다그쳤다.

"애들이 이런 걸 보면 탐을 내는 게 당연한데 이렇게 동네 한가운데서 물건을 훔쳐 가도록 놔둔 채 잠을 자도 되냐고요."

엿장수는 그제야 상황을 알아차리고 자리에서 일어났다.

이처럼 김대중의 어머니는 엄하게 자식들을 가르쳤다. 하지만 아버지는 예술적인 재능이 뛰어났고 다정한 성격이었다. 그 덕분에 김대중은 부모님으로부터 다양한 영향을 받을 수 있었다.

옛날부터 우리나라 부모가 자식을 교육시키는 방법을 두고 흔히 '엄부자모'라고 했다. 아버지는 자식에게 엄한 대신 어머니는 자상하게 대한다는 뜻이다. 얼마 전까지만 해도 우리 사회의 아버지들은 늘 엄격하고 권위적이었다. 그래서 자식들은 아버지 말씀에 감히 대꾸도 하지 못했고 식사 시간에도

▲ 김대중 생가

아버지가 먼저 수저를 들어야 자식들이 비로소 밥을 먹을 수 있었다. 어머니에게 무엇을 사 달라, 어떤 걸 해 달라 조르다가도 아버지가 나타나면 쥐 죽은 듯이 입을 다물어야 했다. 반면 아버지에게 야단을 맞고 풀이 죽어 있으면 어머니가 등을 토닥여 주며 따뜻하게 감싸 주고는 했다. 그런데 김대중의 부모는 지금으로부터 80여 년 전에도 어머니가 엄하고 아버지가 자상했으니 보기 드문 경우였다.

하루는 하의도 앞바다에 어마어마하게 큰 일본 군함 몇 척이 지나갔다. 우연히 그 모습을 보고 김대중은 입이 떡 벌어졌다.

'세상에 저렇게 큰 배도 있단 말인가?'

늘 작은 배들만 보았던 김대중은 일본 군함을 보고 놀랍고 부럽기까지

했다.

'왜 우리나라에는 저런 군함이 없을까?'

그런 생각을 하다가 김대중은 장난감 군함을 만들기로 했다.

김대중은 집으로 돌아가 툇마루에 앉아 나무를 깎기 시작했다. 그때 새 옷을 차려입고 급히 외출하려던 아버지가 방에서 나오며 물었다.

"대중아, 거기서 뭘 하느냐?"

"장난감 배를 만들려고요."

"장난감 배라니, 무슨 배?"

"군함을 만들 거예요."

"그래? 어디 보자. 군함이라면······."

아버지는 급한 약속도 잊은 채 김대중 옆에 앉아서 톱질을 하고 나무를 매끄럽게 다듬어 장난감 배를 만드는 것을 도와주었다. 그리고 커다란 함지박에 배를 띄워 균형이 맞을 때까지 여러 번 손질한 다음에야 자리에서 일어났다.

"이제 된 것 같구나."

당시 김대중의 아버지는 마을 이장으로 있었으며 정치와 역사에도 관심이 많았다. 언젠가는 깊숙이 숨겨 두었던 조선 왕조의 계통도를 꺼내 보여 주며 역대 왕들이 남긴 업적을 김대중에게 가르쳐 준 적도 있었다. 때로는 일본의 천황 히로히토를 한자식 발음으로 부르며 일본 제국주의자들을 비웃었다.

"거 말이지, 유인(裕人)이란 자가 이번에······."

"근데 유인이가 누군가?"

"누군 누구야? 일본 왕 히로히토가 유인이지."

"일본 왕이라면 일본 놈들이 살아 있는 신처럼 떠받든다는 천황 아닌가?"

"천황은 무슨······."

만약 이 말을 일제 경찰이 듣기라도 하면 당장 체포되어 큰 벌을 받을 일이었다. 하지만 김대중의 아버지는 일제에 대한 저항심을 억지로 감추지 않았다.

김대중의 아버지는 마을 일을 보면서 틈만 나면 춤과 노래를 즐겼지만 집안 형편에는 별로 관심이 없었다. 그 대신 독립심과 생활력이 강한 어머니가 집안 살림을 도맡았다. 어머니가 워낙 부지런하고 살림을 잘 꾸려 나간 덕분에 김대중이 보통학교(오늘날의 초등학교)에 다닐 무렵 김대중의 집은 하의도 후광리에서 부잣집으로 손꼽혔다.

(청년 사업가로 성공하다)

하의도에는 보통학교가 없어서 김대중은 학교 갈 나이가 되었어도 학교에 다닐 수 없었다. 그 대신 마을에 있던 서당에 나가 《천자문》과 《동몽선습》, 《소학》 등을 공부했다. 우리나라에 신학문이 들어온 뒤에도 보통학교가 없는 외딴 마을에서는 그처럼 서당에서 한자를 배우는 일이 흔했다.

김대중은 아버지의 손에 이끌려 서당으로 갔다. 김대중이 무릎을 꿇고 앉자 훈장이 말했다.

"오늘부터 너는 서당의 학동이 되었으며 내 제자가 된 것이니라. 따라서 앞으로는 부지런히 글을 익혀 우리 서당의 명예를 높이고 더 나아가 이 나라를 이끌어 갈 만한 큰 공부를 해야 할 것이다. 알겠느냐?"

김대중은 서당에서 열심히 한문을 배우고 익혔다. 그리고 그해 가을 시험에서 1등을 했다. 김대중은 '장원'이라고 크게 적힌 상장을 들고 집으로 가서

어머니에게 자랑했다.

"어머니, 내가 이번 시험에 장원을 했어요. 이 상장 좀 보세요."

어머니는 김대중을 끌어안으며 크게 기뻐했다.

"네가 장원을 했으니 훈장님께 답례를 해야겠구나."

당시에는 1등을 한 아이의 부모가 떡과 부침개 등을 마련해 서당 훈장에게 인사를 드리는 풍습이 있었다. 김대중의 어머니는 떡과 부침개뿐 아니라 모든 서당 아이들에게 나눠 줄 장난감을 준비했다.

이튿날 음식과 선물을 나누어 주고 집으로 돌아오는 길에 어머니가 김대중에게 말했다.

"대중아! 열심히 공부해야 한다. 내가 무슨 일이 있더라도 너만큼은 대학교까지 보내 줄 거야. 알겠니?"

"네, 어머니."

이듬해 봄, 하의도에도 마침내 보통학교가 세워졌다. 당시 보통학교는 6년제와 4년제로 운영되었는데 하의도 보통학교는 4년제였다. 그때 김대중을 비롯해 함께 서당을 다닌 아이들은 서당 학력을 인정받아 보통학교 2학년으로 들어갔다.

김대중이 보통학교를 다니며 신식 교육을 받던 어느 날, 친척 어른이 찾아왔다. 오래전 일본으로 건너가 살고 있던 분이었다.

"얘야, 너 일본에서 공부를 해 볼 테냐?"

친척 어른이 김대중을 유심히 살펴본 뒤에 말을 이었다.

"그럴 뜻이 있다면 네 뒷바라지는 내가 책임지마."

그 말을 듣고 김대중은 왠지 마음이 끌렸다. 몇 해 전에 보았던 일본 군함도 떠올랐다. 그때 김대중은 일본이라는 나라가 부럽기도 했고 그 나라의 지배를 받고 있는 우리나라 사람들이 불쌍하다는 생각을 했다. 그러면서도 문물이 발전한 일본에서 공부를 하게 된다면 얼마나 좋을까 하는 마음이 들었다.

김대중은 어머니의 표정을 살피며 조심스럽게 말했다.

"어머니, 제가 일본으로 갈 수 있게 허락해 주세요."

어머니가 고개를 저었다.

"그러기에는 네 나이가 너무 어리다."

어머니의 말에 크게 실망한 김대중은 이불 속에 얼굴을 파묻고 엉엉 울었다.

"대중아, 그만 울고 밥 먹어라."

"싫어요. 일본에 보내 주세요."

김대중이 자꾸만 떼를 쓰자 어머니가 다시 타일렀다.

"나중에 네가 청년이 되면 얼마든지 유학을 갈 수 있어. 하지만 지금은 부모의 보살핌을 받을 나이야. 어린 너를 그 먼 곳으로 보내면 엄마 마음이 얼마나 아프겠니? 네가 크면 우리 집 재산을 모두 팔아서라도 보내 줄 테니 지금은 보채지 마라."

그 말에 김대중은 더 이상 일본으로 가겠다고 조를 수가 없었다.

2년이 지나 김대중이 보통학교 4학년이 되었을 때였다. 어머니는 아버지를 설득해 하의도에 있던 집과 농토를 모두 팔았다.

며칠 뒤 부모님이 이삿짐을 꾸리는 것을 보고 김대중이 물었다.

"엄마, 우리 이사가는 거예요?"

"그렇단다. 여기선 보통학교를 졸업해도 상급 학교에 진학할 수가 없잖니. 목포에 있는 6년제 보통학교를 나와야지."

김대중의 가족은 하의도에서 나와 목포로 이사했고 김대중은 목포 북교 보통학교로 전학했다.

그때만 해도 목포는 남해안에서 규모가 꽤 큰 항구 도시였다. 각 지방에서 수확된 쌀과 면화(솜), 해산물을 가득 실은 배들이 목포항에 모여들어 언제나 활기가 넘쳤다. 그 쌀과 면화는 일제가 모조리 일본으로 실어 갔다. 일본 상인들은 한국의 농산물을 헐값에 사들여 일본으로 가져가 비싸게 팔아 큰돈을 벌었다. 그래서 목포항뿐 아니라 호남평야와 가까운 군산항은 늘 일본 상선들로 붐볐다.

김대중이 5학년이 되었을 때 조선 총독부는 정규 과목이던 '조선어'를 없앴다. 모든 한국인 학생은 일본어로 공부를 해야 했다. 조선어 시간에는 우리나라 역사와 지리도 함께 배웠는데 그 과목도 없어지고 일본의 역사와 지리를 배웠다. 학교에서 우리말을 쓰는 것도 금지되었다. 아이들은 큰 혼란을 느꼈으며 저도 모르게 우리말을 하다가 들키면 매를 맞았다.

그런 어려움 속에서도 김대중은 공부를 꽤 잘해서 전교 1등으로 목포 북교 보통학교를 졸업했다. 그리고 같은 해 봄, 목포 상업 학교에 1등으로 입학했다. 당시 5년제 공립 학교였던 목포 상업 학교는 전국에서 알아주는 명문이었다. 공부를 잘했던 김대중이 일반 중학교로 가지 않고 상업 학교에 들어간 것은 사업가가 되겠다는 꿈이 있었기 때문이다. 그러나 김대중은 상업 학교에 들어간 뒤에는 오히려 정치에 마음이 끌렸다.

▲ **1943년 목포 상업 학교 재학 시절** |뒷줄 오른쪽 세 번째가 김대중이다.

한 달에 한 번씩 시국 강연회가 열리는 날이면 김대중은 연사들의 강연에 귀를 기울였다. 당시 김대중은 한국과 일본뿐 아니라 전 세계의 시국에 대해 깊은 흥미가 있었다. 그래서 강연이 끝나면 궁금한 내용을 날카롭게 질문하고는 했는데 제대로 답변을 못 하는 연사들이 많았다.

그런 모습을 보고 선생님들은 김대중을 칭찬했다.

"넌 공부도 잘하고 사리가 분명해서 남을 설득시키는 능력이 있어. 나중에 정치가가 되면 크게 성공하겠어."

김대중은 이런 말을 들을 때마다 사업가보다는 정치가가 되려는 꿈을 꾸었다.

일제가 중일 전쟁, 태평양 전쟁을 일으키면서 한국인에게 황국 신민화 정책을 펴자 김대중은 학교생활에 흥미를 잃었다. 일제는 김대중이 목포 상업 학교 2학년에 올라갔을 때는 창씨개명까지 요구했다. 이때 수많은 한국인이 일제의 강요를 이기지 못해 성과 이름을 일본식으로 바꾸었다. 김대중은 그 일에 커다란 굴욕감을 느꼈다.

일본인이나 서양인은 성을 바꾸는 것을 대수롭지 않게 여기지만 유교의 전통을 철저하게 지켜왔던 한국인은 다르다. 일본에서는 결혼한 여자가 남편의 성을 따르는 일이 흔하지만 한국 여성은 결혼해도 절대 성을 바꾸지 않는다. 또한 한국인은 자신이 내뱉은 말을 지키지 못할 때는 '성을 갈겠다'는 표현을 쓴다. 그만큼 조상 대대로 물려받은 성과 전통을 목숨처럼 여긴 것이다.

김대중이 목포 상업 학교를 다닐 때 한국인과 일본인 학생의 비율은 거의 비슷했다. 그런데 김대중이 1등을 놓치지 않자 일본인 학생들은 김대중을 시기하고 질투했다. 게다가 상급반 선배들은 툭하면 김대중을 불러 괴롭혔다. 김대중은 그때 자신의 성을 '도요다'로 바꿔 선배들의 괴롭힘에서 벗어나려고 했다. 그래서 한동안 '도요다 다이쥬(豊田大中)'라는 이름을 썼다. 여기서 다이쥬는 '대중(大中)'을 일본어 발음으로 읽은 것이다. 당시 열서너 살이던 김대중에겐 굴욕적이었지만 다른 방법이 없었다.

공교롭게도 우리나라 역대 대통령 중 박정희, 김영삼, 김대중은 모두 창씨개명을 했던 사람들이다. 박정희는 '다카키 마사오', 김영삼은 '가네무라 코유'라는 일본식 이름을 썼다. 그런데 창씨개명을 한 것만으로 무조건 친일파로 비판하는 것은 옳지 않다. 일제의 압박으로 어쩔 수 없이 창씨개명을 한 사람들과 이광수, 최남선처럼 스스로 앞장서서 창씨개명을 한 사람들은 다르기 때문이다. 그런가 하면 드러내 놓고 친일 활동을 했고 일제 강점기에 고위 관료로 있던 사람 중에 오히려 창씨개명을 하지 않은 사람이 많다. 따라서 창씨개명을 했다는 이유만으로 친일파로 비판받는 것은 억울한 일이다.

박정희와 김영삼, 김대중의 창씨개명에도 차이가 있다. 박정희는 보통학교 교사로 있다가 스스로 만주의 일본 군관 학교에 입학한 뒤 창씨개명을 했던 경우이다. 반면 박정희보다 나이가 어렸던 김영삼, 김대중은 어쩔 수 없이 이름을 바꿔야 했다.

김대중은 창씨개명을 하던 무렵, '문제 학생'으로 낙인찍혀 선배들의 괴롭힘을 받았다. 일본인 상급생들은 툭하면 김대중을 불러내 사상이 나쁘다며 뭇매를 때리고는 했다.

"김대중! 넌 사상이 나쁜 녀석이야."

"내 사상이 어쨌기에 나쁘다는 겁니까?"

"왜 걸핏하면 일본을 비판하는 거지?"

"그야 일본이 한국을 강제로 지배하니까 비판하는 겁니다. 요즘도 황국 신민화 정책이다 창씨개명이다 해서 한국인을 압박하고 있지 않습니까?"

"아무튼 넌 문제가 많은 놈이야. 게다가 공부 좀 잘한다고 우쭐대는 꼴을 못 봐주겠어."

이런 이유로 시달림을 받던 김대중은 차츰 공부에 흥미를 잃었다. 그래서 학년이 올라갈수록 성적이 조금씩 떨어졌다.

당시 목포 상업 학교 학생들은 취직반과 진학반으로 나뉘어 있었다. 일찍이 사업가로 성공하려 했던 김대중은 취직반 반장을 맡고 있었다. 그러나 3학년으로 올라갈 때 기왕 공부를 할 바에는 대학까지 마쳐야겠다는 생각에 진학반으로 옮겼다.

김대중은 일본에 사는 친척의 도움을 받아 어렸을 때의 꿈이던 일본 유학을 갈 생각이었다. 그런데 태평양 전쟁이 한창이라 배를 타고 일본으로 가는 게 매우 어려웠다. 미국 해군이 한국과 일본 사이의 바다를 철저히 감시하고 있었기 때문이다. 결국 일본 유학이 어렵다고 판단한 김대중은 더욱 공부에 흥미를 잃어서 졸업할 때는 164명 중 39등으로 밀려났다.

김대중이 목포 상업 학교를 졸업한 것은 1943년 가을, 열아홉 살 때였다. 본래는 1944년 봄에 졸업할 예정이었지만 조선 총독부의 방침으로 졸업식이 몇 달 앞당겨진 것이다. 조선 총독부는 일본이 미국에게 거듭 패배하자 '전시 특별 조치'의 하나로 각 학교의 졸업식을 앞당겼다.

일본 유학의 꿈을 이루지 못한 김대중은 목포의 한 해운 회사에 들어갔다. 목포 상업 학교에 입학할 때 가졌던 사업가의 꿈을 다시 펼치기 위해서였다. 김대중은 해운 회사의 말단 사원이 되어 온갖 궂은 일을 도맡아했다. 그때의 경험은 그가 사업가로 성공하는 데 큰 도움이 되었다. 사원의 입장에서 사장의 운영 방식을 따져 보기도 하고 훗날 자기 회사를 운영할 경우 사원들을 어떻게 대우해야 할지 배울 수 있기 때문이다. 김대중은 회사 생활이 재미있었다.

어느 날 김대중은 길거리에서 한 아가씨를 보고 첫눈에 반했다. 하얀 원피스를 입고 꽃무늬가 그려진 양산을 쓴 아가씨의 모습은 한 송이 백합과 같았다.

김대중이 가까이 다가가 조심스레 말을 걸었다.

"저기……."

김대중이 말을 끝내기도 전에 아가씨가 뒤를 돌아보았다. 두 사람은 서로의 얼굴을 보고 깜짝 놀랐다.

"혹시 차원식의 누이동생 용애 아니냐?"

"어머나! 오라버니."

차원식은 김대중의 친구이며 목포 상업 학교 동창생이었다. 목표 상업 학교에 다니던 한국 학생들은 서로 집안 사정을 잘 알고 있었다. 김대중도 차원식의 집에 자주 놀러가고는 했는데 당시 차원식의 집은 목포 지역에서 규모

해운 | 배로 사람이나 물건을 실어 나르는 일을 말한다.

가 큰 인쇄소를 운영하는 부잣집이었다.

김대중은 차원식의 집에서 차용애를 자주 보긴 했지만 그때만 해도 서로 이름만 알뿐 별로 관심을 갖지 않았다. 게다가 얼마 후엔 차용애가 일본 나가노의 여학교로 유학을 가는 바람에 더 이상 얼굴을 볼 수도 없었다.

차용애가 귀국한 것은 태평양 전쟁이 막바지에 이를 무렵이었다. 당시 일본은 미국의 맹렬한 공격으로 여러 지역이 쑥대밭이 되었다. 그 일로 차용애는 아버지의 독촉을 받고 급히 귀국했다. 그러던 중 우연히 김대중을 만나게 된 것이다. 앳된 소녀였던 차용애는 어느 새 성숙한 여인이 되어 있었다.

두 사람은 금세 가까워졌으며 서로 사랑하는 마음이 생겼다. 하루는 김대중이 용기를 내어 청혼했다.

"용애 씨, 나와 결혼해 주겠소?"

차용애가 머뭇거렸다.

"하지만 아버지께서……."

"아버님께서 우리 사이를 반대하신단 말이오?"

"네."

차용애의 아버지가 두 사람의 결혼을 반대한 것은 김대중의 병역 문제 때문이었다. 그 무렵, 김대중은 군대에 갈 나이가 되어 징병 검사를 받은 뒤라 언제 입대 영장이 나올지 몰랐다. 차용애의 아버지는 그런 사람에게 딸을 시집보내는 게 마음에 걸려서 두 사람의 결혼을 반대했다. 하지만 차원식과 차용애의 어머니는 김대중의 편이었다.

하루는 차용애의 아버지가 김대중을 부른 뒤 가족회의를 열었다.

"용애야, 넌 전쟁터로 남편을 보내는 게 좋은지 아니면 군대에 다녀온 사람과 평온한 가정을 꾸리는 게 좋은지 어디 말해 보아라."

김대중은 차용애가 어떻게 대답을 할지 가슴이 조마조마했다. 혹시 아버지의 의견을 따라 다른 남자를 선택하겠다고 하면 어쩌나 싶어 차용애의 입을 뚫어지게 바라보았다. 김대중은 그 짧은 순간이 한없이 길게 느껴졌다.

"전, 이 사람과 결혼하지 못한다면 차라리 평생 혼자 살겠어요."

그 말을 듣는 순간 김대중은 하늘을 날 듯한 기분이었고 차용애의 마음이 더없이 고마웠다.

결국 차용애의 아버지는 두 사람의 결혼을 허락했다. 김대중은 광복이 되기 전인 1945년 4월 9일, 결혼식을 올리고 신혼 생활을 시작했다. 이후 두 사람 사이에는 김홍일, 김홍업 두 아들이 태어났다.

광복이 되자 김대중이 다니던 해운 회사의 일본인 사장이 물러났다. 그러자 다른 기업들처럼 그 회사도 큰 혼란에 빠졌다. 그런데 얼마 뒤 미군정청은 회사와 아무 관계도 없는 사람에게 회사의 관리를 맡겼다. 그러자 김대중은 직장을 그만두고 스스로 흥국해운이라는 해운 회사를 차렸다. 마침내 목포 상업 학교에 입학할 때 꿈꾸었던 사업가가 된 것이다.

김대중은 의욕적으로 회사를 운영해 나갔다. 직원들에게 월급을 넉넉하게 주었기 때문에 모두 자기 일처럼 열심히 일했다. 그러다 보니 김대중이 경영하던 흥국해운은 나날이 발전해 몇 해 지나지 않아 제법 규모가 커졌다. 김대중은 다섯 척의 화물선을 구입한 데 이어 다른 회사로부터 다섯 척을 더 빌려 모두 열 척의 화물선으로 곡물, 비료, 농약 등을 운송하는 일을 했다. 흥국해운은 주로 정부나 오늘날의 농협중앙회가 맡긴 화물을 운송했다.

사업이 나날이 발전하자 김대중은 목포일보사라는 신문사를 사들여 언론 사업에도 뛰어들었다. 〈목포일보〉는 일제 강점기에 일본어로 발행되던 지방 신문이었는데 광복 후 마땅한 경영자가 없어 사원들끼리 운영하고 있었다.

김대중이 목포일보사를 운영하면서부터 신문사는 더욱 성장했다. 김대중은 20대 중반의 나이에 해운 회사와 신문사를 운영하는 청년 사업가로 이름을 알리기 시작했다.

그 무렵, 김대중은 무슨 사업을 벌여도 성공을 거두자 자신감이 넘쳤다. 김대중은 자서전 《나의 삶 나의 길》에 이때의 일을 다음처럼 기록했다.

> 참으로 행복한 날들이었다. 만약 그때부터 내가 사업만 계속했더라면 우리나라에서 손꼽히는 재벌에도 진작 들었을 것이라고 믿는다. 나는 서른이 되기 전부터 그만큼 사업에 자신이 있었고 또한 경제라는 것의 실체도 이미 파악하고 있었다.

이처럼 사업 수완이 좋고 경제의 흐름을 잘 알고 있던 김대중은 나중에 정치에도 뛰어들었다.

정치가로 변신한 김대중이 수십 년 동안 실패와 좌절을 겪으며 마침내 대통령이 되었을 때 우리나라는 IMF 경제 위기 상황이었다. 나라 안팎의 경제 전문가들은 한국이 경제 위기에서 벗어나려면 적어도 10년 이상 노력해야 할 것이라고 입을 모았다. 하지만 우리나라는 짧은 시간에 IMF 경제 위기에서 탈출할 수 있었다.

이것은 국민 모두가 한마음이 되어 뼈를 깎는 노력을 기울인 덕택이었지만 젊은 시절 사업을 하며 경제의 흐름을 꿰뚫게 된 김대중 대통령의 리더십도 큰 역할을 했다. 김대중은 1969년, 한 대학원의 석사 학위 논문을 쓰면서 '대중경제론'이라는 독특한 이론을 만들어 낼 만큼 경제에 밝았다.

(국회 의원 출마 4전 4패)

1950년 6월 25일, 김대중은 회사 일로 서울에 있었다. 김대중은 여관에서 하룻밤을 묵고 명동에서 친구들을 만나 점심 식사를 한 뒤에야 전쟁이 일어났다는 소식을 들었다. 북한군이 수십 대의 탱크를 앞세워 파죽지세로 서울을 향해 진격했지만 라디오에서는 안심하라는 방송이 계속 흘러나왔다.

"만약 대통령 각하께서 명령만 내리면 우리 한국군은 사흘 안에 평양을 점령할 것이고 일주일 안에 압록강으로 진격해 그 물을 각하께 바칠 수 있습니다. 그러니 국민 여러분은 안심하십시오."

국방부 장관은 이렇게 말했다. 이승만 대통령도 마찬가지였다.

"서울은 어떤 일이 있어도 지킬 것이니 국민 여러분은 아무 걱정도 하실 필요가 없습니다."

그 말을 믿었던 김대중은 일을 모두 마칠 때까지 서울에 머물기로 했다.

그런데 6월 28일 아침, 김대중은 여관 밖이 소란스러워 잠에서 깨어났다. 창밖을 내다보니 수많은 사람이 보따리를 든 채 피난을 떠나고 있었다.

"대체 무슨 일이지? 대통령이 안심하라고 했는데 왜 모두 피난을 가는 거야?"

김대중이 함께 있던 친구에게 물었다.

"그러게. 참 이상한 일이군."

김대중 일행은 얼마 뒤에야 이승만 대통령과 정부 관리들이 서울을 몰래 빠져나갔다는 것과 서울이 북한군에게 점령당한 사실을 알았다. 게다가 국군이 서둘러 한강 다리를 폭파시켜 서울 시민들의 피난길마저 막혔다는 놀라운 이야기를 들었다.

"어떻게 대통령이 국민을 속이고 도망을 친단 말인가!"

김대중 일행은 정부와 대통령의 태도에 분노했다. 한강 다리가 끊어져 서울을 빠져나갈 길이 막막했던 그들은 발을 동동 구르며 여관에 갇혀 있었다.

하루는 여관 근처의 학교 운동장에서 여러 사람이 모여 웅성거렸다. 사람들 앞에는 한 남자가 무릎을 꿇고 있었다. 김대중은 그게 말로만 듣던 '인민 재판'인가 싶어 조심스럽게 다가가 보았다. 그때 팔에 완장을 찬 공산당 지도자가 사람들에게 물었다.

"동무들, 이 반동분자를 어떻게 하면 좋겠소?"

사람들은 약속이나 한 것처럼 대답했다.

"처형하시오!"

대답을 기다렸다는 듯 몇 명의 남자가 무릎을 꿇고 있던 남자를 데리고 어디론가 사라졌다. 김대중은 온몸에 소름이 돋았다.

'저게 공산당인가? 어떻게 사람이 사람을 저렇게 대할 수 있단 말인가!'

인민 재판 공산주의 국가에서 인민이 뽑은 사람이 법관을 대신해 대중 앞에서 그들을 배심으로 삼아 하는 재판을 말한다.

김대중 일행은 계속 서울에 있다가는 자신들도 살아남지 못할 거라고 여겼다. 공산당은 자본가나 지주들부터 붙잡아 처형한다고 하니 청년 사업가인 김대중의 목숨도 위험했다.

"여기 있어서는 안 되겠네. 어떻게든 돈을 마련해 한강을 건너가세."

그날 김대중은 친구들과 조금씩 돈을 모아 작은 배 한 척을 빌렸다. 배를 타고 한강을 건넌 뒤에는 목포까지 400킬로미터가 넘는 길을 걸어가야 했다. 마땅히 타고 갈 교통 수단도 없는 데다 여비도 떨어졌기 때문이다. 그들이 목포에 도착한 것은 서울을 출발한 지 20일 만이었다.

겨우 목포의 집에 도착했을 때 문밖에서 어머니 홀로 김대중을 기다리고 있었다.

"어머니! 이게 어찌된 일입니까?"

"이제야 오느냐? 어디 다친 데는 없고?"

"저야 무사히 오긴 했지만 모두 어디로 갔기에 대문이 잠겼습니까?"

북한군은 청년 사업가인 김대중을 '반동분자'로 낙인찍고 집에 있는 가재도구를 모조리 가져간 뒤 대문에 못질을 해 놓았다고 했다. 그래서 김대중의 가족들은 일제 강점기에 일본군이 파 놓았던 방공호에 숨어 있다는 것이다. 어머니는 날마다 대문이 잠긴 집 앞에서 김대중이 돌아오길 기다렸다고 했다.

김대중은 어머니를 따라 방공호로 가서 오랜만에 가족들과 만났다. 하지만 그 생활도 오래 가지 못했다. 목포에 도착한 지 사흘째 되던 날 인민 위원회로 끌려갔기 때문이다. 인민 위원회 장교는 김대중이 공산당 당원들을 경찰에 신고하지 않았는지 계속 물었고 그럴 때마다 김대중은 그런 일은 없었다며 고개를 저었다.

"이 동무가 말로 해서는 안 되겠군."

결국 김대중은 수없이 매를 맞은 뒤 형무소에 갇혔다. 그곳에는 220명 정도의 죄수가 갇혀 있었는데 모두 북한 공산당을 반대하거나 그들에게 낙인이 찍힌 사람들이었다. 그들은 언제 풀려날지 알 수도 없으며 집단으로 처형될 것이라는 소문을 듣고는 날마다 두려움에 떨었다.

1950년 9월 15일, 맥아더가 이끄는 유엔군이 인천 상륙 작전에

성공한 뒤로 국군과 유엔군의 대반격이 시작되었다. 그러자 북한군은 급히 후퇴했다. 목포를 점령했던 북한군은 철수하기 전 구속했던 '반동분자'들을 모두 총살하기로 결정했다.

9월 18일, 형무소에 갇힌 죄수들은 한꺼번에 50명씩 불려나가서 트럭에 태워졌다. 트럭은 어디론가 갔다가 빈 차로 돌아와 남아 있던 죄수들을 싣고 다시 사라졌다. 100여 명의 죄수들이 그렇게 실려 나갔다. 김대중은 바로 그 다음 트럭에 태워질 예정이었다. 끌려간 죄수들이 모조리 총살당했다는 소문을 듣고, 김대중은 '내가 이렇게 죽는구나.' 하는 생각이 들었다.

그런데 죄수를 실어 나르던 트럭이 돌아오지 않았다. 남아 있던 죄수들은 다시 감옥에 갇혔으며 북한군은 그들을 놔둔 채 황급히 후퇴했다. 나중에 알고 보니 트럭 운전기사가 일부러 차를 고장 내 트럭이 오지 못했고 덕분에 김대중 등은 운좋게 목숨을 건질 수 있었다. 하지만 북한군이 물러난 뒤에도 인민 위원회에 속한 공산당원들이 감옥을 지키고 있었다.

하루는 감옥에 있던 죄수들이 속삭였다.

"우리 이럴 게 아니라 여길 탈출합시다."

"그럽시다. 지금 여길 지키는 자들은 북한군이 아니라 공산당원들이니 탈출하는 게 그리 어렵지 않을 겁니다."

"맞아요. 여기서 우리가 죽는다면 아무 의미 없는 죽음입니다."

결국 죄수들은 힘을 모아 감옥 문을 부수고 탈출했다. 그날 밤 탈출한 죄수들은 120명 정도였다.

구사일생으로 목숨을 구한 김대중은 공산당원들의 잔혹함에 소름이 돋았다. 얼마 후 목포 등 해안 지역에서는 공산당을 소탕하기 위해 '해상 방위대'라는 조직이 만들어졌다. 김대중은 솔선수범하여 해상 방위대에 들어갔다.

해상 방위대는 해군과 같은 정규군이 아니라 해군을 도와 공산당을 무찌르기 위해 민간인이 조직한 보조 기관이었다.

김대중은 해상 방위대에 소속되어 있으면서 자신이 운영하는 해운 회사의 배로 식량을 비롯한 군수 물자를 실어 나르는 일을 맡았다. 그 공로를 인정받아 나중에는 전남 지구 해상 방위대 부사령관으로 임명되었다.

해운 회사와 신문사를 경영하던 청년 사업가 김대중은 6·25 전쟁을 겪으면서 많은 것을 깨달았다. 그때 김대중은 세상을 바로잡고 국민을 행복하게 만드는 정치인이 되기로 결심했다. 김대중이 쓴 《나의 삶 나의 길》에는 다음과 같은 내용이 있다.

> 사람들은 이따금 내게 묻곤 한다. 도대체 언제부터 정치에 뜻을 두고 있었느냐고. 그럴 때마다 나는 주저 없이 대답했다. 관심은 아직 소년기에 지나지 않았던 보통학교 시절부터 싹튼 것이지만 직접적인 계기는 6·25 전쟁이었다고 말이다. 그리고 그 이유는 바르지 못한 정치가 참으로 얼마나 큰 고통을 우리 국민에게 안겨 주는지 직접 목격하고 나서부터라고 대답한다.

이 말처럼 김대중은 6·25 전쟁을 겪고는 정치가가 되어 모든 국민이 행복하게 사는 나라를 가꾸겠다는 포부를 가지게 되었다.

1953년 7월, 휴전 협정이 체결되면서 악몽과 같은 6·25 전쟁은 한반도 전체에 큰 상처를 남기고 끝났다. 그리고 이듬해인 1954년 5월에는 제3대 국회 의원 총선거가 있을 예정이었다. 이때 김대중은 무소속 후보로 출마했다. 김대중이 무소속 후보로 나선 것은 정당의 도움을 받지 않고도 충분히 당선될 것이라는 자신감 때문이었다.

그 무렵 김대중은 한국 해운조합 연합회 이사로 있었고 목포 지역 노동조합 간부들의 큰 지지를 받고 있었다. 당시 목포에서는 노동조합원들의 영향력이 컸기 때문에 그들의 지지를 받는다면 국회 의원에 당선 되는 건 식은 죽 먹기였다.

하지만 김대중은 선거에서 쓰디쓴 패배를 맛보았다. 선거 운동이 막바지에 이를 무렵 자유당 정권과 경찰이 갑자기 노동조합 간부들을 심하게 탄압했기 때문이다.

"너희, 뭘 믿고 김대중을 지지하는 거야? 쓴맛을 봐야겠어?"

"우리가 어느 후보를 지지하든 경찰이 무슨 상관이오?"

"한번 당해 봐야 정신을 차릴 모양이군. 괜히 설치지 말고 자유당 후보를 지지하란 말이야. 계속 김대중을 밀어주겠다면 두고두고 괴로울 거라고."

경찰이 이렇게 협박하자 붙잡혀 간 노조 간부들은 억지로 자유당 후보를 지지하겠다는 각서를 쓰고 풀려났다. 그 뒤 노동조합은 "우리는 무소속 후보가 아닌 자유당 후보를 지지할 것이다."라고 선언했고 그 영향으로 김대중은 선거에서 떨어졌다.

그로부터 2년이 지난 1956년, 제3대 정·부통령 선거가 치러졌다. 이 선거를 앞두고 민주당에서는 신익희가 대통령 후보로, 장면이 부통령 후보로 출마했다. 그런데 신익희 후보가 선거 유세를 하던 중 갑자기 병을 얻어 세상을 떠났다. 그 결과 자유당의 이승만 후보가 손쉽게 대통령에 당선되었으며 야당인 민주당의 장면 후보가 부통령에 당선되었다.

이 무렵, 김대중은 장면 부통령의 권유를 받고 민주당에 입당했다. 김대중은 장면의 인정을 받으면서 본격적으로 정치 활동을 시작했다. 그리고 장면을 대부(代父)로 모시고 명동 성당에서 세례를 받기도 했다. 장면은 일찍이

대부 |가톨릭에서 영세나 견진 성사를 받을 때, 신앙의 증인으로 세우는 남자 후견인을 말한다.

미국 맨해튼 가톨릭 대학을 졸업했으며 나중에는 서울의 동성 상업 학교 교장을 지낼 만큼 신앙심이 깊은 천주교인이었다. 그런 영향으로 김대중도 천주교인이 되었는데 세례명은 토마스 모어였다. 토마스 모어는 16세기 무렵에 활약한 영국의 유명한 사상가이자 정치가로 《유토피아》 등 많은 책을 남긴 인물이었다.

1958년 5월에는 제4대 민의원 선거(국회 의원 총선거)가 있었다. 김대중은 이 선거에 다시 도전하기로 결심했다. 그런데 목포 지역에는 이미 민주당 후보가 있었기 때문에 다른 선거구(지역구)를 찾아야만 했다. 선거구란 국회 의원 등을 선출하는 단위 지역을 가리킨다. 인구가 많은 대도시에서는 같은 지역이라도 선거구를 갑구, 을구 등으로 나누고 인구가 적은 지방에서는 여러 지역을 하나의 선거구로 묶기도 한다.

김대중은 여러 날을 두고 고민하던 끝에 강원도 인제로 가서 출마하기로 결심했다. 전라남도 하의도에서 태어나 줄곧 목포에서 살았던 김대중이 강원도 인제의 민주당 후보로 나선 것은 뜬금없는 일이었다. 친척이나 친구는 물론 아는 사람이 하나도 없는 곳에서 선거 운동을 하려니 여간 힘들지 않았다.

국회 의원 후보가 되려면 먼저 그 지역 사람들로부터 추천을 받아 후보로 등록해야 한다. 그런데 부정 선거를 일삼았던 자유당 사람들이 목포 출신인 김대중을 그냥 놔둘 리가 없었다. 자유당에서는 온갖 방법으로 김대중의 후보 등록을 방해했고 결국 김대중은 후보 등록조차 하지 못했다. 그 지역구에서는 자유당 후보가 당선되었다.

김대중은 그냥 물러나지 않았다. 자유당 당선자가 후보 등록을 방해했다며 소송을 해 이듬해인 1959년 3월, 법원으로부터 승소 판결을 받아 냈다. 그 일로 자유당 당선자는 당선 무효가 되어 국회 의원직을 잃었고 6월에 보궐

동성 상업 학교 |오늘날의 서울 동성고등학교로, 김수환 추기경도 이 학교의 신학과를 졸업했다.

선거가 치러졌다. 보궐 선거를 앞두고 김대중은 후보 등록을 한 뒤 선거 운동을 시작했다.

하지만 보궐 선거에서는 미처 예상하지 못한 장벽에 부딪혔다. 자유당 후보가 김대중에 관해 흑색선전을 해 댄 것이다. 흑색선전이란 사실이 아닌 이야기를 만들어 내어 상대편을 모략하고 혼란과 무질서를 조장하는 정치적 술책을 말한다.

"김대중은 빨갱이다. 김대중은 인제 지역을 북한에 넘겨주려고 국회 의원 선거에 출마한 것이다."

여기서 빨갱이란 공산주의자, 사회주의자를 통틀어 부르는 말인데, 당시 남한에서는 철저한 반공 정책을 펴고 있었기 때문에 그 말은 바로 효과가 있었다. 6·25 전쟁 때 북한군에게 혹독하게 당했던 사람들은 미워하는 사람을 빨갱이로 몰아 따돌리는 경우가 많았다.

"아무개 아버지는 6·25 때 인민군에게 협조를 했대."

"그래? 빨갱이 집안이로군."

이렇게 낙인찍히면 사실이든 아니든 그 사람은 마을에서 철저히 따돌림을 받았다. 뿐만 아니라 경찰이나 정보기관으로 끌려가 혹독한 고문을 당했다. 하필이면 김대중이 보궐 선거에 출마한 강원도 인제는 군인들이 많은 지역이었다. 그래서 빨갱이라는 누명을 쓴 김대중은 철저히 외면당했다. 제아무리 자신과 가족들이 북한군에게 총살당할 위기를 넘긴 적이 있다고 외쳐도, 공산당을 쳐부수기 위해 해상 방위대에 지원해 부사령관까지 지냈다고 주장해도 사람들은 김대중의 말을 믿지 않았다.

"강원도 인제에 사는 우리가 목포에서 있었던 일을 어찌 알겠어? 우린 김대중 후보의 말을 믿지 못하겠다."

보궐 선거 | 선거로 당선된 대통령, 국회 의원 등이 사망하거나 그 밖의 일로 자격을 잃었을 때 다시 치르는 선거를 말한다.

결국 김대중은 보궐 선거에서 다시 떨어지고 말았다.

이듬해인 1960년에는 4·19 혁명이 일어나 자유당 정권이 무너지고 7월에는 제5대 민의원 선거가 치러졌다. 김대중은 이 선거에서도 인제 선거구 민주당 후보로 출마했다. 그때는 상대편의 흑색선전이 먹혀들지 않아 김대중이 이길 가능성이 높았다. 하지만 그 선거에서도 김대중은 겨우 100표 차이로 상대 후보에게 지고 말았다. 정치에 뜻을 두고 국회 의원 선거에 출마했지만 선거에 나설 때마다 패배해 김대중은 4전 4패를 기록했다.

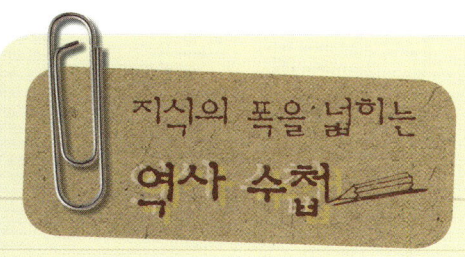

민의원과 참의원

오늘날 우리나라의 국회는 단원제로 운영되고 있지만 한때는 양원제로 운영된 적이 있었다. 양원제는 이원제라고도 하는데 대개 상원과 하원으로 구분되며 오늘날 영국, 미국, 일본 등 세계 70여 개 국가에서 이 제도를 택하고 있다. 하원 의원들은 국회 의원 총선거를 통해 선출되며 상원 의원에 비해 수가 훨씬 많다. 상원 의원들은 투표나 임명, 세습 등의 방법으로 선출된다.

우리나라에서는 1952년 제1차 개헌 때 국회를 양원제로 운영하기로 했다. 이때 상원을 참의원, 하원을 민의원이라 불렀다. 그런데 여러 가지 사정으로 참의원은 선출하지 않았고 민의원만으로 국회를 운영했다. 그래서 1960년 4·19 혁명이 일어나기 전까지의 국회 의원 선거는 '민의원 선거'라고 불렀다.

제2공화국 때는 비로소 양원제를 실천하여 국회는 참의원과 민의원으로 이뤄지게 되었다. 이때 참의원 정원은 민의원의 4분의 1을 넘지 못하게 했고 만 30세 이상이라야 참의원 선거에 출마할 수 있도록 하는 등 여러 제도가 만들어졌다. 이에 따라 제2공화국 때 58명의 참의원이 선출되었다.

하지만 양원제가 미처 자리를 잡기도 전인 1961년, 5·16 군사 정변이 일어나 국회가 해산되었다. 그 뒤 제3공화국부터는 오늘날과 같은 단원제 국회로 운영하고 있다.

▲ 1958년 5월 제4대 민의원 선거 때 민주당 정견 발표에 모인 사람들

(정치 활동을 시작하다)

　　김대중은 민의원 선거에서 연거푸 패배한 뒤에도 끝까지 포기하지 않았다. 게다가 민주당에서는 선거에서 번번이 패배한 김대중을 대변인으로 임명했다. 정당의 대변인은 중요한 자리라서 대개 국회 의원으로 당선된 사람이 맡는 게 일반적이다. 당시 민주당의 국회 의원은 100여 명이 넘었는데 김대중이 민주당을 대표하는 대변인이 된 것은 놀라운 일이었다. 게다가 김대중의 학력은 목포 상업 학교를 졸업한 것이 전부였다. 하지만 김대중은 안목이 뛰어나고 논리 정연했기 때문에 민주당 대변인으로 손색이 없었다.

　　1960년 7월 총선에서 김대중에게 100표 차이로 승리한 국회 의원이 얼마 뒤 국회 의원직을 잃었다. 그가 3·15 부정 선거 때 저지른 잘못이 밝혀졌기 때문이다. 그 일로 1961년 5월 13일에는 인제 지역에서 다시 보궐 선거가 치러졌다.

대변인 | 어떤 사람이나 단체를 대신하여 공식적인 의견이나 태도를 밝히는 임무를 맡은 사람을 말한다.

김대중은 이 선거에 출마해 마침내 국회 의원에 당선되었다. 목포에서 한 번, 인제에서 세 번이나 출마했다가 매번 떨어지고 다섯 번째 출마해 결국 국회 의원이 된 것이다. 아는 사람이라고는 하나도 없는, 강원도 인제에서 거둔 승리였기 때문에 김대중의 기쁨은 말할 수 없이 컸다.

5월 14일 아침, 김대중은 인제군 선거 관리 위원회로부터 민의원 당선증을 받고 눈물을 흘렸다. 기쁨의 눈물이기도 했고 슬픔의 눈물이기도 했다. 2년 전인 1959년 6월, 아내 차용애가 병을 얻어 세상을 떠났기 때문이다.

그동안 김대중은 여러 차례 국회 의원 선거에 출마하느라 사업할 때 모아두었던 많은 재산을 거의 잃었다. 게다가 상대 후보나 자유당 정권과 맞서며 수없이 위협을 받았다. 그럴 때마다 김대중은 아내 차용애 덕분에 용기를 얻고 끝까지 도전할 수 있었다.

그런데 헌신적이며 자상했던 아내가 갑자기 세상을 떠나고 말았다. 김대중은 눈앞이 캄캄했지만 포기하지 않고 마침내 국회 의원이 된 뒤 죽은 아내에 대해 고마움과 그리운 마음을 가슴속 깊이 간직하며 살았다.

김대중은 선거 운동을 했던 인제 지역을 돌아다니며 당선사례를 했다. 그런데 김대중이 승리의 기쁨을 누린 것은 고작 이틀밖에 되지 않았다. 5월 16일 새벽, 군인들이 군사 정변을 일으켰기 때문이다.

군사 정변을 이끌었던 박정희는 곧바로 국회를 해산했다. 그 일로 김대중은 국회의사당에 들어가 보지도 못한 채 국회 의원직을 잃었다. 게다가 수사 기관에 끌려가 혹독한 조사를 받아야만 했다.

군사 정변 세력은 국민의 지지를 얻기 위해 부정부패를 저지른 사람들과 용공 혐의자들을 체포해 감옥에 가두었다. 김대중도 다른 정치인들과 함께 두 가지 혐의로 검찰에 끌려갔다. 검사들은 먼저 김대중이 민주당으로부터

당선사례 |선거에 뽑힌 사람이 유권자들에게 감사 인사를 드리는 일이다.
용공 |공산주의의 주장을 받아들이거나 공산당의 정책에 찬성하고 따르는 일을 말한다.

받은 정치 자금을 어떻게 썼는지 조사했다. 아무리 샅샅이 조사를 해도 김대중이 부정한 짓을 저지르지 않았다는 게 밝혀지자 결국 무죄 판정을 내렸다.

하지만 검찰은 어떻게 해서든 민주당의 대변인이던 김대중을 구속시킬 작정이었다.

그래서 이번에는 김대중의 용공 행위에 대해 샅샅이 조사하고 심문했다.

광복 후, 남한 사회는 좌익 세력과 우익 세력이 서로 겨루느라 매우 혼란했다. 그 뒤 우익을 대표하는 이승만이 대통령으로 당선된 후로는 철저한 반공 정책을 폈다. 그런 가운데서 남조선노동당(남로당)과 같은 좌익 세력은 겉으로 드러나지 않게 활동하며 세력을 키워 가고 있었다.

검사가 김대중에게 물었다.

"당신, 남로당에 자금을 지원한 일이 있지?"

김대중은 참으로 어이가 없었다.

'남로당에 자금을 주었다니! 날 빨갱이로 몰아갈 작정인가?'

김대중이 단호하게 말했다.

"그런 일 없소."

"우리가 조사해 보니 1949년 5월, 남로당에 자금을 주었던데?"

"그 돈은 남로당에 준 것이 아니라 친구의 형이 서울에 갈 여비가 없다며 사정하기에 빌려 준 것이오. 친구의 형이 남로당 당원이었다는 것은 몇 해 지나서야 알았소. 만약 그때 알았다면 돈을 빌려 주지 않았을 것이오."

그 뒤로도 검찰은 3개월 동안 철저하게 조사했지만 김대중에게 아무런 잘못을 찾을 수 없자 그냥 풀어 주었다. 당시 용공 혐의로 체포되어 구속된 사람들은 2000명이 넘었다. 그런데 김대중이 구속되지 않았다는 것은 그가 반공주의자가 틀림없으며 공산당을 돕지 않았다는 뜻이었다. 김대중은 조사를 받은 뒤 무죄로 풀려났지만 김대중을 비판하는 사람들은 김대중이 빨갱이였다며 온갖 흑색선전을 했다.

박정희는 군사 정변을 일으킨 뒤 '정치 활동 정화법'이라는 법률을 만들었다. 그리고 군사 정권에 반대하는 정치인, 민주 인사,

학자 등 4000여 명이 정치 활동을 하지 못하도록 막았다. 민주당 대변인을 지냈던 김대중도 이 법에 따라 정치 활동을 할 수가 없었다.

당시 김대중은 긴 터널에 갇힌 것처럼 앞날이 캄캄했다. 어머니와 누이동생, 그리고 두 아들까지 돌보아야 하는데 하는 일 없이 시간을 보내야 했기 때문이다. 이때 김대중은 책을 읽으며 조용히 지내다가 앞날을 함께 헤쳐 나갈 이희호를 만났다.

이희호는 서울대학교 사범대학을 졸업한 뒤 부산에 있던 '대한여자청년단'이라는 단체에서 국제국장으로 활약한 적이 있었다. 김대중은 6·25 전쟁 무렵, 한동안 부산에서 살았는데 그때 대한여자청년단이 주최하는 독서 토론회에서 이희호를 만나 열띤 토론을 벌이고는 했다.

전쟁이 끝나자 이희호는 더 깊은 학문을 위해 미국으로 유학을 갔다가 몇 년이 지나서야 한국으로 돌아왔다. 반면 김대중은 국회 의원 선거에 출마했다가 여러 번 떨어진 데다 아내까지 잃는 등 불행한 나날을 보내고 있었다. 그러던 중 정치 활동 정화법에 묶여 실업자가 되었을 때 우연히 이희호를 다시 만난 것이다.

결국 김대중과 이희호는 사랑하는 사이로 발전했으며 1962년 5월에는 여러 사람들의 축복을 받으며 결혼식을 올렸다.

1963년 무렵, 박정희는 나라를 안정시킨 뒤 다시 군인으로 돌아가겠다는 약속을 어기고 대통령 선거에 나가기 위해 민주 공화당이라는 정당을 만들었다.

박정희 등 군사 정변 세력은 자신들에 대한 비난을 피하기 위해 정치 활동을 못하게 막았던 사람들 중 일부를 해금시켜 주었다. 김대중도 1963년 2월에 해금되어 다른 선배 정치인들과 함께 민주당을 새로 조직하는 데 힘을 기울였다. 그러면서 민주당 대변인으로 활약했다.

김대중은 1963년에 치러진 국회 의원 총선 때 목포 지역에서 후보로 출마해 당선되었다. 이 선거에서 선출된 국회 의원은 모두 170명이었다. 그런데 여당인 민주 공화당이 절반이 훨씬 넘는 110석을 차지했고, 야당들은 모두 합쳐 60석을 차지하는 데 그쳤다. 당시 야당은 민정당이 41석, 김대중이 속한 민주당이 13석이었다.

김대중은 비록 작은 야당에 속해 있었지만 연설과 토론을 잘하는 정치인으로 유명했다. 그래서 그 무렵 '말 잘하는 김대중'이라는 별명을 얻었다.

김대중은 어떻게 말 잘하는 정치인이 될 수 있었을까? 김대중은 목포 상업 학교를 다닐 때에도 시국 강연회가 열리면 날카로운 질문을 던져 강사들을 쩔쩔매게 만들었다. 학창 시절부터 토론을 잘하는 재주를 타고난 것이다. 하지만 타고난 재주가 10퍼센트라면 나머지 90퍼센트는 보이지 않는 노력 덕분이었다.

요즘에도 정당의 대변인은 하루에 한두 번씩은 텔레비전 카메라 앞에서 자신이 속한 당의 입장을 전하거나 어떤 사건에 대해 논평을 한다. 그런가 하

해금 | 금지하고 있던 것을 풀어 주는 것을 말한다.
민정당 | 1963년 1월에 윤보선, 김병로 등을 중심으로 만들어진 정당이다. 박정희가 조직한 민주 공화당에 대항하기 위해 만들어졌으며 1965년 민주당과 통합하면서 없어졌다.

면 상대 정당의 잘못을 날카롭게 비판하기도 한다.

  이때 발표 시간은 고작 1~2분 정도에 불과하다. 그래서 대변인의 임무가 별 것 아닌 것으로 생각할지도 모르지만 완벽한 1~2분을 위해서는 몇 시간 동안 준비를 해야 한다.

  김대중은 1분 정도의 성명을 발표하기 위해 5시간 이상 수많은 책과 자료를 검토한 뒤 성명서를 작성하는 게 보통이었다. 대정부 질문이나 국회 의원들 사이의 토론이 있을 때면 며칠 동안 산더미 같은 자료를 읽고 요점을 정리하며 논리를 세워 나갔다. 그러한 노력으로 말 잘하는 김대중이라는 별명이 얻게 된 것이다.

국회 의원 김대중은 눈부신 활약을 보였다. 1964년, 동료 국회 의원이 체포될 위기에 놓이자 그것을 막기 위해 5시간 19분 동안 국회에서 의사 진행 발언을 했다. 김대중은 어느새 민주 공화당과 박정희 정권이 견제해야 하는 새로운 정치인으로 떠올랐다.

　　1967년은 제6대 대통령 선거와 제7대 국회 의원 총선거가 치러진 해였다. 당시 야당은 여러 세력으로 나뉘어 있었다. 하나로 똘똘 뭉쳐도 거대한 민주 공화당을 이기기 힘들었는데 여러 개로 나뉘었으니 선거는 해보나 마나 패배할 게 분명했다.

　　야당 정치인들은 민주 공화당에 반드시 승리하겠다는 뜻으로 여러 정당을 모아 '신민당'이라는 정당을 만들었다. 그런 다음 윤보선을 대통령 후보로 내세워 1967년 5월 대통령 선거 때 민주 공화당에 맞섰다.

　　이때 사람들은 대부분 윤보선 후보가 박정희 후보에게 승리할 것이라고 믿었다. 야당이 하나의 힘 있는 정당으로 다시 뭉쳤으며 평화적으로 정권이 바뀌길 원하는 사람들이 많았기 때문이다.

　　하지만 그때만 해도 현직 대통령과 야당 후보가 겨룰 경우 야당 후보에게 불리한 점이 훨씬 많았다. 결국 윤보선 후보는 15만 6000여 표 차이로 박정희 후보에게 지고 말았다. 당시 투표를 했던 유권자는 모두 1164만여 명 정도였으니 15만 6000여 표는 안타까운 차이였다.

　　반면 박정희 후보는 하마터면 야당 후보에게 권력을 빼앗길 수도 있었던 순간이었다. 그래서 박정희 정권과 민주 공화당은 선거를 치르고 2년 만인 1969년에 '3선 개헌'을 밀어붙인 것이었다.

　　1967년 5월 대통령 선거에 이어 6월 8일에는 제7대 국회 의원 총선거가

3선 개헌 | 1969년 대통령 박정희의 3선을 목적으로 추진된 제6차 개헌을 말한다.

있었다. 이 선거를 앞두고 김대중은 다시 목포 지역의 신민당 후보로 출마했다. 상대 후보는 육군 소장 출신이며 체신부(오늘날의 정보 통신부) 장관을 지낸 김병삼이었다. 김병삼은 고향인 전라남도 진도에서 출마하려고 했는데 박정희 대통령이 그에게 목포에서 출마해 김대중을 꺾으라는 지시를 내렸다. 하지만 김병삼은 목포에서 출마하는 것은 승산이 없다고 생각했다.

'진도라면 몰라도 목포에서 출마하면 김대중을 꺾을 수 없어. 차라리 이번 선거에 출마하지 않는 게 낫겠어.'

이렇게 생각한 김병삼은 직접 자기 다리에 권총을 쏘았다. 그러고는 강도가 침입해 총상을 입었기 때문에 국회 의원 선거에 출마할 수 없다고 핑계를 댔다. 하지만 경찰 조사 뒤 거짓말을 한 것이 밝혀지자 할 수 없이 선거에 나서게 되었다.

김병삼 후보를 앞세워 어떻게든 김대중의 당선을 막으려 했던 박정희는 선거 운동 기간 동안 목포에 두 번이나 내려가 지원 연설을 했다. 현직 대통령이나 장관 등 고위 공무원이 특정 정당의 후보를 위해 지원 연설하는 것은 선거법을 크게 어기는 일이었다. 하지만 중앙 선거 관리 위원회는 박정희가 대통령이 아니라 민주 공화당 총재 자격으로 연설한 것이므로 아무 문제없다고 둘러댔다.

박정희 대통령은 목포에서 국무 회의를 열기도 했다. 대통령이 여당 후보를 돕기 위해 그 지역으로 내려가 국무 회의를 연 것은 역사상 처음 있는 일이었다.

김대중은 이처럼 어려운 조건 속에서도 열심히 선거 운동을 해 2000여 표 차이로 김병삼을 누르고 국회 의원이 되었다. 표 차이는 크지 않았지만 현직 대통령이 두 번이나 도와준 후보를 상대로 이겼다는 점에서 매우 값진 승리

국무 회의 | 정부의 주요 정책을 심의하거나 결정하는 회의로 대통령, 국무총리와 장관 등의 국무 위원 15명 이상이 참석한다.

였다.

이 선거는 대통령 박정희와 국회 의원 김대중의 간접적인 대결이며 두 사람이 치른 예선전으로 평가되기도 했다. 결승전은 두 사람이 대통령 후보로 출마해 대결했던 1971년 대통령 선거 때였다.

1967년 총선 결과 민주 공화당은 129석을 차지한 데 비해 신민당은 45석에 지나지 않았다. 헌법을 고치려면 전체 국회 의원(당시 175석) 중 3분의 2 이상인 116명의 찬성을 받아야 했는데 민주 공화당은 그 숫자를 훨씬 뛰어넘는 대승을 했던 것이다. 민주 공화당은 3선 개헌을 밀어붙일 수 있는 의석을 충분히 얻었다.

서울과 부산 등 대도시의 유권자들은 신민당 후보를, 그 밖의 지역에서는 민주 공화당 후보를 지지했다. 이 무렵부터 '야도여촌'이란 말이 유행했다. 이 말은 도시에는 대개 야당을 지지하는 사람들이 많고 농촌에는 여당을 지지하는 사람들이 많다는 뜻이다. 김대중이 출마한 전라남도에서도 야도여촌 현상이 심해 민주 공화당 후보는 16명이 당선되었지만 신민당 후보는 고작 2명이 당선되었다. 그중 한 사람이 김대중이었다.

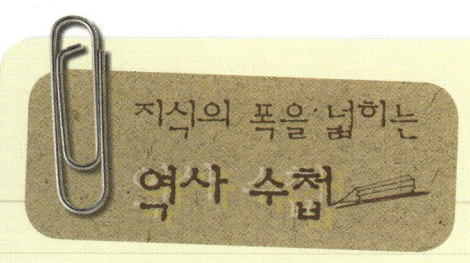

기네스북에 오른 김대중의 발언

1964년 4월 우리나라는 한일 회담 문제로 매우 시끄러웠다. 이때 야당인 자유민주당 대표 김준연 의원은 "박정희 정권이 한일 비밀 회담 때 일본의 자금 1억 3000만 달러를 받았다."고 폭로했다. 그러자 민주 공화당에서는 김준연을 체포해야 한다며 국회에 체포 동의안을 냈다.

국회 의원은 여러 가지 특권을 가지고 있는데 그중 하나가 '불체포 특권'이다. 이것은 회기 동안 국회의 동의 없이는 국회 의원을 체포할 수 없는 특권을 말한다. 여기서 회기란 정기 국회, 임시 국회 등 국회가 열리는 일정한 기간을 말한다. 정기 국회는 매년 9월 1일부터 100일 이내의 기간 동안 열리며 임시 국회는 매년 2월 1일, 4월 1일, 6월 1일에 열린다. 대통령 또는 국회 의원 4분의 1 이상이 요구할 때 임시 국회가 열리기도 하며 임시 국회의 회기는 30일 이내이다.

체포 동의안이 국회에서 통과하려면 재적 의원의 과반수가 참석하고 과반수가 찬성해야 한다. 김준연 체포 동의안이 제출되었을 때 김대중은 그것을 막기 위해 의사 진행 발언을 시작했다. 의사 진행 발언이란 어떤 안건에 대해 이의를 제기하거나 자기의 의견을 밝히는 것을 말한다. 이처럼 소수파 의원들이 다수당의 독재를 막기 위해 오랫동안 연설하는 것을 '필리버스터(합법적 의사 진행 방해 행위)'라고 부른다.

김대중은 정부가 그동안 어떤 잘못을 저질렀으며 김준연 의원을 구속해서는 안 되는 이유에 대해 자세한 통계 자료를 제시하면서 자그마치 5시간 19분 동안 발언을 이어 나갔다. 김대중은 발언을 하는 동안 물 한 모금도 마시지 않았다. 그렇게 연설하는 동안 임시 국회 회기가 끝나 김준연 체포 동의안은 자동적으로 부결되었다.

대한민국 국회에서 5시간 19분 동안 혼자서 계속 발언한 국회 의원은 김대중이 최초였으며 아직까지 그의 필리버스터 기록을 깬 사람은 없다. 김대중의 필리버스터 발언 시간은 기네스북에 기록되었다고 한다.

(대통령 선거에 나서다)

　　김대중은 국회 의원 선거에 처음 나섰을 때에는 4전 4패를 기록하며 힘든 시간을 보냈지만 국회 의원이 된 후에는 눈부신 활약을 펼쳐 가장 주목받는 야당 정치인이 되었다.

　　정부와 민주 공화당은 1969년 9월 14일 새벽, 억지로 3선 개헌안을 밀어 붙여 박정희가 장기 독재를 펼칠 수 있는 길을 열었다. 당시 45석에 불과했던 신민당에서는 3선 개헌을 막을 방법이 없었다. 야당 의원들은 개헌을 막기 위해 국회 본회의장에서 농성을 벌였다. 그러자 민주 공화당 의원들은 제3별관으로 자리를 옮긴 뒤 불과 5분 만에 개헌안을 날치기로 통과시켰다. 장소를 옮기느라 미처 의사봉을 챙기지 못한 국회의장은 의사봉 대신 주전자 뚜껑을 두드리며 말했다.

　　"이것으로 3선 개헌안이 통과되었음을 선포합니다. 땅! 땅! 땅!"

3선 개헌안 통과처럼 힘 있는 여당 국회 의원들이 이런 식으로 안건을 날치기로 통과시키거나 야당 국회 의원들이 그것을 막으려고 온몸을 던지는 나쁜 전통은 오늘날까지도 이어지고 있다.

3선 개헌안이 통과되자 신민당 국회 의원들은 앞날이 캄캄해졌다. 민주 공화당을 막을 힘도 없고 새로운 희망도 보이지 않았기 때문이다. 그때 신민당 원내 총무로 있던 김영삼이 세상을 깜짝 놀라게 할, 폭탄 발언을 했다. 그것은 바로 '40대 기수론'이었다. 기수란 깃발을 들고 앞장선 사람을 가리키는데, 비교적 젊은 세대인 40대의 야당 정치인이 앞장서서 독재 정치를 막아야 한다는 주장이었다.

김영삼은 같은 해인 1969년 11월 8일 기자 회견을 열고 다음처럼 말했다.

"박정희는 3선 개헌으로 민주주의를 말살시키려고 합니다. 이런 때에 우리 야당은 민주주의를 다시 살려 내기 위해 새로운 결의와 각오로 나서지 않으면 안 됩니다. 이제부터는 젊은 40대 정치인이 앞장서서 정치를 이끌어 가야 합니다. 그런 뜻에서 나는 1971년 대통령 선거에 신민당이 내세우는 대통령 후보로 나설 것을 국민 여러분에게 밝힙니다."

김영삼이 이렇게 선언하자 같은 신민당뿐 아니라 민주 공화당도 큰 충격을 받았다. 신민당에서 가장 큰 세력을 이루고 있던 <u>유진산</u>은 김영삼의 선언을 두고 '입에서 젖비린내 나는 소리'라며 낮추어 말했다. 하지만 김영삼의 40대 기수론은 그 뒤 한국의 정치사를 바꾸는 데 큰 역할을 했다.

당시 신민당에서 가장 주목을 받고 있던 40대 정치인으로는 마흔세 살의 김영삼과 마흔네 살의 김대중이었다. 김영삼은 김대중에게 40대 기수론에 동참해 정치를 개혁해 나가자고 설득했다. 김대중은 유진산을 꺾는 게 쉽지 않다며 처음에는 머뭇거렸지만 얼마 뒤 김영삼의 뜻에 찬성했다.

<u>유진산</u> | 충청남도 금산 출신의 야당 정치인으로 국회 의원에 일곱 번 당선되었으며 1970년에는 신민당 총재로 선출되었다. 1974년 병을 얻어 세상을 떠났다.

1970년 1월, 김대중은 기자 회견을 열고 자신도 대통령 선거에 나서겠다고 선언했다.

"나는 사명감과 신념을 가지고, 절망을 모르는 시시포스처럼 최후 승리의 날까지 싸워 나갈 것입니다."

얼마 뒤에는 야당 정치인의 한 사람인 이철승이 신민당에 입당한 뒤 자신도 대통령 선거에 신민당 후보로 나서겠다고 말했다. 이철승은 당시 마흔여덟 살이었다.

이처럼 세 명의 40대 정치인들이 대통령 선거에 출마할 뜻을 밝히자 신민당은 1970년 9월에 전당 대회를 열어 대통령 후보를 뽑기로 했다. 전당 대회는 어느 정당이 총재를 비롯한 주요 지도부나 대통령 후보를 결정할 때, 정당의 새로운 정책 등을 결정할 때 열린다. 이때는 전국의 모든 당원들이 한자리에 모일 수 없으므로 각 당원들을 대표하는 대의원들이 참석한다.

1970년 9월 28일, 신민당 대의원 885명이 모인 가운데 대통령 후보를 선출하는 전당 대회가 열렸다. 이 전당 대회는 김대중과 김영삼이 처음으로 맞붙은 자리이기도 했다.

두 사람의 지지율은 막상막하였다. 1차 투표에서는 김영삼이 1위, 김대중이 2위, 이철승은 3위였다. 김영삼은 47.6퍼센트로 1위를 차지했지만 대통령 후보가 된 것은 아니었다. 당시 신민당의 규정에 따르면 50퍼센트 이상의 표를 얻은 사람이 대통령 후보가 될 수 있었기 때문이다.

그래서 2차 투표를 했는데 그때는 김대중이 51.8퍼센트로 이겼다. 김영삼이 40대 기수론을 들고 나왔으나 깃발은 김대중이 차지한 셈이었다.

1971년 4월 27일에는 제7대 대통령 선거가 치러졌다. 이 선거를 앞두고 김대중의 인기는 날이 갈수록 높아졌다. 김대중이 선거 유세를 하는 곳에는

시시포스 | 그리스 신화에 나오는 코린트의 왕으로, 제우스를 속인 죄로 지옥에 떨어져 바위를 산으로 올리는 벌을 받았다. 시시포스는 굴러떨어지는 바위를 올리는 일을 영원히 되풀이했다.

▲ **신민당 대통령 후보가 된 김대중** 김영삼이 40대 기수론을 내세운 뒤 신민당에서는 김영삼, 김대중, 이철승이 대통령 후보 경선에 나섰고 결국 김대중이 신민당 대통령 후보로 선출되었다.

수십만 명, 많게는 백만 명이 넘는 군중이 모여들었다.

김대중이 그처럼 높은 인기를 얻은 것은 당시 국민이 박정희 정권 대신 새로운 정권이 들어서기를 원했기 때문이다. 국민은 박정희 정권이 억지로 3선 개헌안을 밀어붙이고 장기 독재를 하려는 모습에 크게 실망했다. 사람들은 이승만이 장기 독재를 하려고 억지로 3선 개헌을 했다가 끝내 비참한 최후를 맞은 일을 기억하고 있었다. 그것이 바로 역사가 주는 교훈이었다. 그런데 박정희는 그런 교훈을 까맣게 잊은 채 권력에 욕심을 부리고 있었다. 그에 비해 40대의 김대중은 젊고 유능한 정치인으로 인정받고 있었다.

하지만 대통령 선거에서 김대중은 결코 유리하지 않았다. 그 무렵만 해도 민주 공화당의 국회 의원 수는 신민당에 비해 세 배 정도 많았다. 게다가 박정희는 현직 대통령이라 정부 각료들뿐 아니라 군인과 경찰, 모든 공무원들을 움직일 수 있는 힘이 있었다. 신민당의 대통령 후보가 되고서도 당의 지원을 제대로 받지 못하자 김대중이 믿을 것이라고는 자기 자신과 국민밖에 없었다.

말 잘하는 정치인으로 유명했던 김대중은 치밀하고 정확한 자료로 박정희 정권의 잘못을 날카롭게 비판했다. 그래서 김대중의 선거 연설을 들은 청중들은 속 시원하다며 큰 박수를 보내고 열광했다.

선거 날이 다가올수록 김대중의 지지율이 높아지자 박정희 정권은 초조해졌다. 그래서 공무원과 경찰을 끌어들여 관권 선거를 펼쳤으며 나중에는 지역감정을 불러일으키는 발언도 서슴지 않았다.

그 무렵만 해도 우리나라에서는 지역감정을 크게 느낄 수 없었다. 호남 사람들이 영남 출신인 박정희를 크게 지지하는가 하면 반대로 영남 사람들은 김대중을 환영했다. 김대중이 박정희의 지역 기반인 대구에서 선거 유세를 할 때는 20만 명이 모여들 정도로 열기가 뜨거웠다. 부산에서는 자그마치 50만 명이 유세장을 가득 메워 발 디딜 틈이 없을 정도였다.

그런데 선거 운동이 막바지에 이를 무렵 민주 공화당 의원들이 지역감정을 부채질하는 발언을 했다. 국회 의장이던 이효상은 박정희 지원 연설을 하면서 이렇게 말했다.

"신라 천 년 만에 나타난 박정희 후보를 다시 뽑아서 경상도 정권을 세웁시다. 우리가 박정희 대통령을 뽑지 않으면 우리 영남 사람들은 개밥에 도토리 신세가 됩니다. 쌀밥에 뉘가 섞이는 것처럼 경상도에서 김대중을 찍는 표

관권 선거 | 국가 기관이나 공무원의 권력을 이용해 치르는 선거를 말한다.
뉘 | 등겨가 벗겨지지 않은 채로 섞인 벼 알갱이를 말한다.

가 나오면 안 됩니다. 경상도 사람 중에서 박정희 대통령을 안 찍는 자는 미친놈입니다."

그런가 하면 중앙정보부를 비롯한 권력 기관에서는 호남 사람들이 만든 것처럼 위장한 전단지를 몰래 뿌렸다.

'호남 사람들은 영남 사람들이 만든 물건을 사지 않기로 했습니다.'

이런 일이 거듭되면서 영남과 호남의 지역감정은 오늘날까지 이어지고 있다.

반면 김대중이 먼저 지역감정을 일으키는 발언을 했다는 주장도 있다. 그 주장에 따르면 김대중이 이렇게 말했다고 한다.

"박정희 정권은 내가 호남 출신이라는 이유로 호남을 푸대접하고 있습니다. 한 예로 경부 고속 도로와 포항제철을 들 수 있습니다. 왜 국가 기반 시설을 영남 지역에만 건설해 호남을 차별하는 것입니까? 내가 대통령이 된다면 이런 잘못을 반드시 바로잡을 것입니다."

이 말이 사실인지 정확히 확인할 수는 없지만 이 무렵부터 지역감정이 싹터 1980년 광주 민주화 운동 때 더욱 심해졌다.

우리 역사에서 영남과 호남은 고대부터 같은 민족이면서도 서로 다른 세력이 살아왔다. 삼국 시대에 신라는 영남을, 백제는 호남을 지역 기반으로 삼았다. 따라서 영남과 호남은 처음부터 견원지간이라고 할 수도 있다. 고려 때 태조 왕건은 죽기 전 '훈요십조'라는 유언을 통해 "호남 출신들은 반역을 일으킬지 모르니 높은 관리로 등용하지 말라."고 말했다고 한다. 하지만 왕건은 호남 지역을 기반으로 고려를 건국하였고 그를 도왔던 충신들 중에는 호남 출신들이 훨씬 많았다. 그러므로 이 내용은 훗날 누군가가 조작해 '훈요십조'에 끼워 넣은 것이라는 주장도 있다.

견원지간 개와 원숭이의 사이를 가리키며, 서로 나쁜 관계를 비유하는 말이다.

오늘날은 삼국 시대나 고려 시대가 아니라 '세계화 시대'이다. 세계 지도를 보면 우리가 사는 한반도는 동북아시아의 작은 부분을 차지하고 있을 뿐이다. 게다가 국토는 남북으로 분단되어 있어 더욱 작다. 그런데 남한이 다시 동쪽과 서쪽으로 나뉘어 갈등을 겪는다는 것은 매우 불행한 일이므로 지역

감정은 하루빨리 없어져야 할 것이다.

대통령 선거를 9일 앞둔 1971년 4월 18일, 김대중은 서울 장충단 공원에서 선거 유세를 했다. 유세 시간은 오후 2시였는데 아침부터 서울 시민들이 장충단 공원으로 모여들었다. 당시 서울 시민은 모두 550만 명이었는데 그중 100만여 명이 모일 정도로 열기가 대단했다.

사람들이 너무 많아서 김대중이 탄 유세 차량은 1킬로미터를 가는 데만 한 시간이 넘게 걸릴 정도였다. 우리나라 대통령 선거 유세 때 이처럼 많은 군중이 한자리에 모인 일은 처음 있는 일이었다.

아마 그날이 일요일이라 더욱 많은 사람들이 유세장으로 갈 수 있었던 건지도 모른다. 그런데 이때에도 박정희 정권은 김대중의 유세를 방해하기 위해서 모든 공무원과 공공 기관 직원들에게 가족 야유회를 가게 했다.

게다가 그날 서울 지역의 향토 예비군 비상소집을 실시해 예비군들의 발을 묶어 놓았고 서울 시내의 일부 극장에서는 무료로 영화를 상영하게 했다. 그러한 방해에도 불구하고 100만 명이 장충동 공원에 모였으니 놀라운 일이었다.

이날 김대중은 박정희의 영구 집권 계획을 폭로했다.

"존경하고 사랑하는 서울 시민 여러분! 오늘 여기 장충단 공원에 백만이 넘는, 대한민국에서뿐만 아니라 세계에 유례가 없을 이 대관중이 모인 것을 보고, 서울 시민의 함성을 듣고 이제야말로 정권 교체는, 우리의 승리는 결정이 났다는 것을 나는 여러분 앞에 말씀드릴 수 있습니다. 이번에 정권 교체를 하지 못하면 이 나라는 박정희 씨의 영구 집권의 총통 시대가 오는 것입니다. …… 나는 민주 공화당이 그런 계획을 가지고 있다는 사실과 이번에 박정희 씨가 승리하면 앞으로 선거도 없는 영구 집권의 총통 시대가 온다는 확실한 증거를 가지고 있습니다."

이 연설이 끝나자 군중은 우레와 같은 박수와 환호를 보냈다. 이때 '박정희가 당선되면 앞으로 영구 집권할지 모른다.'는 김대중의 발언은 큰 주목을 받았다.

김대중의 지지가 하늘을 찌를 듯이 높아지자 박정희도 가만히 있지 않았다. 박정희도 일주일 뒤 장충단 공원에서 선거 유세를 했다. 이때도 많은 군중이 모였는데 거의 공무원들이 강제로 동원한 사람들인 데다 열기도 김대중 때와는 차이가 났다.

박정희가 군중에게 호소했다.

"여러분! 야당의 김대중 후보는 내가 장기 집권을 하려는 계획을 세웠다고 하지만 그것은 새빨간 거짓말입니다. 나는 이번 한 번만 더 출마한 뒤 대통령직을 내놓을 것입니다. 이번을 마지막으로 더 이상 국민에게 표를 달라고 호소하지 않을 것이니 내게 표를 주십시오."

박정희가 눈물을 흘리며 더 이상 대통령에 출마하지 않겠다고 하자 많은 사람들이 동정심을 느꼈다.

"박정희 대통령이 눈물로 호소하며 마지막이라고 하니 한 번 더 표를 주는 게 옳지 않을까?"

"맞아. 3선 개헌안을 밀어붙인 것은 잘못이지만 그동안 새마을 운동이다, 경부 고속 도로 건설이다 많은 일을 하셨지. 우리나라의 경제를 크게 발전시킨 분이니 박정희 대통령을 밀어주는 게 좋겠어."

평화적인 정권 교체를 바라며 김대중을 지지했던 사람들마저 박정희에게 표를 던지고 말았다. 그 결과 4월 27일 선거에서 박정희 후보가 김대중 후보를 94만 7000여 표로 이겼다. 하지만 전문가들은 당시 두 후보가 정정당당히 겨뤘다면 김대중이 100만 표 이상으로 승리했을 것이라고 입을 모았다. 그만큼 민주 공화당과 정부의 관권 선거, 부정 선거가 심했기 때문이다. 게다가 박정희 정권의 부정 선거는 일본의 〈아사히신문〉 등에 실릴 정도로 유명했다.

김대중은 선거에 최선을 다한 것을 위안으로 삼았지만 부정 선거에 대한 아쉬움은 오랫동안 마음속에 남았다.

그런데 김대중이 선거 유세 때 말했던 일이 실제로 일어났다. 박정희 대통령이 1972년 10월 갑자기 '10월 유신'을 선포하고 장기 독재를 시작했기 때문이다. 그러자 사람들 사이에서는 '박정희가 장기 독재를 할 것이라는 김대중의 말도 옳았고, 더 이상 국민에게 표를 달라며 호소하지 않겠다는 박정희의 말도 옳았다.'는 우스갯소리가 떠돌았다. 박정희는 유신 헌법에 따라 국민 대신 '통일주체국민회의' 대의원들의 간접 선거로 대통령이 되었기 때문이다.

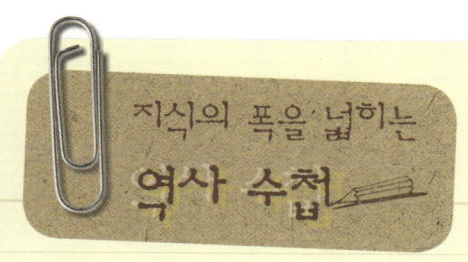

산아 제한 정책

1960년대만 해도 우리나라에는 가문의 대를 반드시 이어야 한다는 유교 사상 때문에 아들을 많이 낳으려는 풍습이 남아 있었다. 하지만 자녀의 성별을 골라 낳을 수 없었기 때문에 아들을 얻을 때까지 딸을 계속 낳는 집이 많았다. 많게는 딸을 열 명이 넘게 낳은 뒤에야 아들을 얻기도 했다.

일반적으로 전쟁이 끝난 뒤에는 아기들이 많이 태어나는 '베이비 붐'이 일어난다. 우리나라에서는 6·25 전쟁이 끝난 뒤 1955년부터 1964년 사이에 신생아가 900만 명이나 태어났다.

당장 먹을 것, 입을 것이 부족한데 집집마다 많은 아이가 생기자 정부는 한 집에 둘만 낳아 잘 기르자는 '산아 제한 정책'을 펴기 시작했다. 정부는 여러 가지 포스터와 표어를 만들어 전국에 홍보했고 심지어 라디오와 텔레비전으로도 계몽 광고를 내보냈다.

대표적인 표어로 '딸 아들 가리지 말로 하나만 낳아 잘 기르자', '아들 딸 구별 말고 둘만 낳아 잘 기르자', '잘 키운 딸 하나 열 아들 안 부럽다'가 있다.

하지만 1990년대부터는 신생아들이 크게 줄어들고 베이비 붐 세대의 영향으로 중년층에서 노년층이 늘어나자 거꾸로 출산 장려 정책을 펴게 되었다. 아기를 많이 낳는 가정에 여러 가지 혜택을 주겠다며 홍보하지만 젊은 부부들은 출산을 꺼리고 있다.

이처럼 30~40년 사이에 출산 정책이 정반대로 바뀌었는데 앞으로는 또 어떻게 바뀔지 궁금해진다.

▲ 산아 제한 홍보 포스터

(죽음의 문턱을 넘다)

　1971년 대통령 선거가 끝나고 한 달 만에 제8대 국회 의원 총선거가 있었다. 이 선거를 앞두고 야당에서는 국회 의원 선거에 참여하지 말아야 한다는 주장이 나왔다. 서울 대학교 학생들은 정부와 민주 공화당의 관권 선거, 부정 선거에 항의하는 시위를 일으켰다.
　하지만 김대중은 선거에 참여해 정정당당하게 싸우기로 결심하고 전국 곳곳을 돌아다니며 신민당 국회 의원 후보들을 돕는 지원 연설을 했다. 그때 신민당의 가장 큰 목표는 민주 공화당의 개헌을 막을 수 있을 정도의 의석을 얻는 것이었다. 비록 대통령 선거에서는 패배했지만 제7대 총선 때보다는 훨씬 많은 의석을 차지해 박정희 정권의 독재를 막으려고 했다.
　김대중은 대통령 선거에서 떨어졌지만 인기가 여전히 높았기 때문에 각 지역의 신민당 후보들은 김대중에게 지원 연설을 해 달라고 저마다 부탁했다.

어떤 후보는 연설을 안 해 주면 김대중이 탄 차에 깔려 죽겠다며 드러눕기도 했다. 그래서 김대중은 하루에 수백 킬로미터씩 다니며 아침부터 밤늦게까지 지원 연설을 했다.

한번은 김대중이 경상남도 진주에서 저녁 7시에 지원 연설을 하기로 했다. 그런데 가는 동안 일이 생겨 진주에 도착했을 때는 밤 11시 30분이 넘었다. 약속 시간보다 4시간 30분이나 지났기 때문에 김대중은 모두 돌아갔을 거라고 생각했다. 하지만 약속을 했기 때문에 일단 들른 것이었다. 그런데 늦은 시간에도 3만 명이 넘는 진주의 유권자들이 김대중을 기다리고 있는 게 아닌가! 김대중은 나중에 '정치를 시작한 뒤 그때처럼 큰 감동과 보람을 느낀 일은 없었다.'고 회고했다.

박정희 정권은 날이 갈수록 위기를 느껴, 김대중을 돕는 기업이나 조직이 있으면 세무 조사를 하겠다며 사무실을 뒤집어 놓는가 하면 김대중의 목숨을 노리기도 했다.

1971년 5월, 총선을 이틀 남겨 둔 날이었다. 김대중은 일행과 여러 대의 승용차에 나눠 타고 광주로 향했다. 김대중 행렬이 도로를 달리고 있을 때 반대쪽에서 커다란 트럭이 나타나더니 갑자기 김대중이 타고 있던 차를 향해 급히 방향을 틀었다. 그 순간 김대중의 운전기사가 재빨리 속력을 높여 정면 충돌은 피했지만 차 뒷부분이 트럭에 받혔다. 뒤따라오던 택시는 충돌을 피하지 못해 택시에 타고 있던 김대중의 지지자들 중 세 명은 그 자리에서 숨졌고 세 명은 중상을 입는 사고를 당했다.

김대중이 탄 승용차도 트럭에 받힌 충격으로 길 옆 논바닥으로 나뒹굴었지만 다행히 김대중은 목숨을 구할 수 있었다. 하지만 고관절을 크게 다쳤으며 양쪽 팔의 정맥이 끊어지는 부상을 입었다. 김대중은 그런 부상을 입고도

고관절 | 골반과 대퇴골을 잇는 관절을 가리킨다.

　팔에 붕대를 친친 감은 채 선거 날까지 지원 연설을 하러 다녔다. 나중에 밝혀진 일이지만 김대중의 승용차로 돌진한 트럭은 민주 공화당 국회 의원 후보의 기사가 운전했다고 한다.

　김대중이 그처럼 목숨을 위협받으며 지원 연설을 한 덕분인지 선거에서 민주 공화당은 123석을 얻었고 신민당은 89석을 얻었다. 민주 공화당의 개헌을 막기 위해서는 신민당이 65석 이상을 얻어야 했는데 그보다 24석을 더 얻었으니 국민의 많은 지지를 받았던 셈이다.

　그 후 김대중은 교통사고 때 다친 고관절을 치료하기 위해 6개월 넘도록 입원 치료를 받아야 했고 퇴원한 뒤에도 다리를 약간 절게 되었다. 그런 사정을 모르거나 김대중을 헐뜯는 사람들은 그가 다리를 저는 것을 두고 '절름발이'라며 비웃고는 했다.

이듬해인 1972년 10월 17일, 박정희 대통령은 10월 유신을 선포했다. 이때 김대중은 교통사고로 다친 고관절을 치료하기 위해 일본에 머물고 있었다. 그곳에서 박정희가 10월 유신을 선포한 뒤 국회를 해산하고 정치인들의 활동을 모두 막았다는 소식을 들었다.

김대중은 텔레비전을 통해 군인들이 전차와 장갑차를 몰고 서울로 들어가 곳곳을 지키는 모습이나 여러 언론 기관과 대학, 시내 번화가에 '계엄군' 완장을 찬 군인들이 경비를 서고 있는 모습을 보았다. 당장이라도 서울로 가서 박정희 정권과 싸우고 싶었지만 정치 활동이 금지되었으니 서울에 간다 해도 싸울 방법이 막막했다. 그래서 도쿄에서 싸우기로 결심했다.

김대중은 기자 회견을 열어 박정희 정권의 독재와 부정부패를 전 세계에 알리기로 했다. 그는 밤 늦도록 원고를 쓴 뒤 이튿날 아침 도쿄에 머물고 있던 세계 각국의 언론사 기자들에게 연락했다. 김대중의 연락을 받고 수많은 외신 기자가 모여들었다.

김대중은 미리 준비했던 원고를 또박또박 읽었다.

"박정희 대통령이 10월 유신을 선포한 것은 남북통일을 핑계 삼아 자신이 영구 집권을 하려는 음모일 뿐입니다. 그것은 한국의 헌법을 어긴 것이며 민주주의를 성장시켜 남북통일을 이룩하려는 국민의 염원을 무참히 짓밟은 행위입니다. 나는 박정희 대통령의 행위가 세계의 여론으로부터 엄중한 비판을 받음과 동시에 이승만 독재 정권을 무너뜨린 위대한 한국인의 힘에 의해 반드시 실패할 것임을 확신합니다."

이처럼 김대중은 박정희 정권과 10월 유신을 강하게 비판했다.

그때 나라 안에서는 누구도 유신 헌법을 비판할 수 없었다. 아무리 친한 사이라도 정부를 비판했다간 고발당할 정도로 사회 분위기가 살벌했기 때문

이다. 얼마 뒤 유신 헌법은 국민 투표에서 91퍼센트의 찬성 표를 받아 통과되었다.

박정희에 대해서는 오늘날 서로 엇갈리는 두 가지 평가가 있다. 하나는 '조국 근대화 사업'을 통해 우리나라가 경제 선진국으로 발전하는 기틀을 마련한 대통령이라는 것이고, 다른 하나는 민주주의를 크게 후퇴시킨 독재자라는 평가이다.

박정희는 1961년 5·16 군사 정변을 일으켜 최고 권력자가 되었을 때나 1963년과 1967년에 대통령으로 당선될 때만 해도 독재자라고 비난받지 않았다. 사람들은 박정희가 군사 정변을 일으키고 군인 신분으로 돌아가겠다는 약속을 어긴 것은 비판했지만 강력한 리더십으로 경제를 발전시킨 일은 높이 평가했다.

그러나 1969년 3선 개헌을 추진할 때부터 사람들은 박정희가 이승만과 똑같은 욕심을 부리고 있다는 것을 알아차렸다. 박정희는 1972년 10월 유신을 선포한 뒤부터 1979년 10월 26일 눈을 감을 때까지 본격적으로 독재자의 길을 걸었다.

김대중은 미국과 일본을 오가면서 유신 체제에 반대하는 여러 가지 활동을 펼쳤다. 미국의 수많은 정치인과 교류하면서 자기 의견을 밝히기도 했고 여러 번 기자 회견을 열어 한국 정부에 압력을 넣었다. 또 미국의 여러 대학과 동포 단체로부터 초청을 받아 강연도 자주 했다. 일본에서도 마찬가지였다. 이러한 활동 덕분에 김대중은 훗날 신군부의 조작으로 사형 선고를 받았을 때 외국 정치인들의 도움으로 목숨을 구할 수 있었다.

그러던 1973년 8월 8일, 도쿄는 아침부터 날씨가 무더웠다. 김대중은 야당인 통일민주당 당수 양일동을 만나기 위해 도쿄 그랜드 팔레스 호텔로 갔다. 양일동을 만나 고국의 새로운 소식도 듣고 대화를 나누기 위해서였다.

김대중은 양일동과 이런 저런 이야기를 나눈 뒤 오후 1시 15분쯤 방을 나섰다. 그때 건장한 괴한 대여섯 명이 김대중의 목덜미를 붙잡아 옆방으로 밀어 넣었다. 괴한들은 마취제를 적신 손수건을 김대중의 코에 들이댔다. 그 순간 김대중은 의식을 잃었지만 얼마 뒤 어렴풋이 정신을 차렸다. 그때 괴한 중 한 명이 김대중을 협박했다.

"조용히 하지 않으면 죽여 버리겠다."

괴한들은 곧 김대중을 복도로 끌고 나가 엘리베이터에 태웠다. 마침 엘리베이터에는 일본인 두 명이 타고 있었다.

김대중이 다급하게 일본어로 말했다.

"이자들이 날 죽이려고 합니다. 빨리 경찰에 연락해 주십시오."

김대중이 두 번이나 말했지만 일본인들은 겁먹은 표정으로 아래층에서 내려 버렸다. 괴한들이 다시 김대중을 협박했다.

"이 자식, 입 다물지 못해? 또 그랬다가는 이 자리에서 죽을 줄 알아!"

괴한들은 호텔 주차장으로 내려가 김대중을 승용차 뒷자리에 태운 뒤 바닥에 머리를 대게 했다. 그런 다음 꼼짝할 수 없도록 구둣발로 김대중의 몸을 눌렀다. 차는 도쿄를 빠져나가 어디론가 달리더니 한 건물 앞에 멈췄다. 괴한들은 건물 안의 사무실로 김대중을 끌고 갔다. 그런 뒤 김대중이 입고 있던 양복은 물론 속옷까지 모두 벗긴 뒤 현금과 신분증, 명함, 시계 등을 빼앗고 다른 옷과 구두를 던져 주었다. 곧이어 김대중의 몸을 밧줄로 묶고 얼굴은 코만 남긴 채 포장용 테이프로 친친 감아 다시 차에 태웠다. 김대중은 포장용 테이프로 눈이 가려진 상태여서 밖을 볼 수가 없었다. 다만 희미하게 들리는 소리를 통해 도착한 곳이 바닷가라는 걸 알았다.

얼마 뒤 괴한들은 김대중을 모터보트에 옮겨 태우고 머리에 보자기를 씌웠다. 김대중은 안간힘을 다해 성호를 그었다. 천주교도였던 김대중은 자신의 인생이 끝날 것으로 여기고 기도를 드릴 생각이었다. 그러자 괴한들이 사정없이 배를 걷어차며 욕설을 퍼부었다.

"이 자식, 가만히 못 있어?"

"난 이미 죽음을 각오했다. 그러니 더 이상 때릴 필요가 없지 않은가?"

김대중이 그들에게 나직히 말했다.

밤이 깊어 새벽 1시쯤 되었을 때 김대중은 큰 배에 태워졌다. 김대중을 납치했던 괴한들은 배에 탄 사람들에게 김대중을 넘겨주었다. 배는 어디론가 계속 나아갔다.

괴한들은 김대중의 밧줄을 풀고 얼굴에서 테이프를 뗀 후 양손을 가슴에 모아 묶은 뒤 등에 널빤지를 대고 단단히 밧줄로 묶었다. 입에는 나뭇조각을 물려 붕대로 감았고 눈에도 테이프를 여러 번 붙여 가린 다음 붕대로 친친 감았다. 그리고 양쪽 손목에는 30~40킬로그램이 넘는 추를 단단히 매달았다.

김대중은 그제야 괴한들이 바다 한가운데에 자신을 던져 버릴 계획이라는 것을 알아챘다.

"이렇게 던지면 추가 벗겨지지 않을까?"

"그러게. 이불에 묶어 던지면 물위로 떠오르지 않는다던데."

괴한들의 이야기를 들으며 김대중은 이제 정말 끝이라고 생각했다. 김대중이 매달려 사정할 존재라고는 하느님밖에 없었다. 김대중은 수천 번도 넘게 살려 달라는 기도를 했다.

간절한 기도가 통해서였을까? 번쩍하고 붉은 광선이 비치는가 싶더니 괴한들이 소리쳤다.

"비행기다! 빨리 속력을 높여!"

얼마 뒤 김대중은 폭음소리와 갑판에 있던 괴한들이 어디론가 황급히 뛰어가는 소리를 들었다. 김대중은 눈이 가려져 있어서 무슨 일이 일어난 건지 알 수 없었다.

약 30분 동안 전속력으로 달리던 배가 다시 정상 속도로 가고 있을 때 누군가가 김대중에게 물었다.

"혹시 김대중 선생이십니까?"

"그렇소만……."

"저는 1971년 대통령 선거 때 부산에서 선생님께 투표했습니다. 이제 선생님은 안전하십니다."

사내는 김대중을 묶고 있던 밧줄을 풀고 붕대와 테이프를 모두 떼어 냈다. 그런 뒤 주스를 한 잔 가져다주었다. 김대중은 비로소 안도의 한숨을 내쉬며 사내에게 물었다.

"지금 여기가 어디쯤이오?"

"일본 도쿠시마 근해입니다."

"그럼 조금 있으면 해안에 다다르겠군요. 도착하면 일본 경찰에 연락해 주시오."

"알겠습니다."

김대중은 대답을 듣는 순간 긴장이 풀리면서 깊은 잠에 빠져들었다. 그리고 11일 새벽에야 깨어났다. 김대중이 깨어났을 때 배는 한국의 해안가에 도착해 있었다. 곧바로 의사가 배로 올라가 김대중의 상처를 치료한 뒤 포도당 주사를 놓아 주었다. 그런 뒤 그날 밤 9시쯤, 김대중은 입과 눈이 다시 붕대로 감긴 채 차에 태워져 어디론가 옮겨졌다.

얼마 뒤 김대중은 어느 한적한 곳에 자리 잡은 기관에 도착했다. 그곳에서 알약 두 개를 받았다.

"그동안 건강이 상하셨을 테니 이걸 드십시오. 영양제입니다."

김대중은 아무 의심 없이 알약을 삼켰지만 사실은 영양제가 아니라 수면제였다. 김대중은 수면제를 삼키자마자 곧바로 잠이 들었다. 잠에서 깨어난 것은 납치된 지 6일째 되는 8월 13일 오후였다. 머리를 짧게 깎은 젊은 남자가 다가와서 김대중에게 물었다.

"선생은 왜 해외에서 국가에 반대하는 투쟁을 벌이는 겁니까?"

김대중이 대답했다.

"나는 우리 대한민국에 반대한 적이 한 번도 없소. 대한민국은 내 조국인데 왜 반대를 하겠소? 내가 반대한 것은 박정희 정부이지 국가를 반대한 게 아니오."

"국가나 정부나 다를 게 없지 않습니까?"

젊은 남자가 다시 물었을 때 김대중은 그냥 웃기만 했다. 국가와 정부의 차이도 모르는 사람에게 일일이 설명하고 싶지 않았기 때문이다.

국가와 정부는 어떤 차이가 있는 것일까? 국가는 일정한 영토와 거기에 사는 국민, 그리고 주권에 따라 만들어진 하나의 통치 조직(정부)을 가지고 있는 커다란 사회 집단을 뜻한다. 그래서 영토, 국민, 주권을 통틀어 국가를 이루는 3대 요소라고 한다.

예를 들어 흔히 일제 강점기를 '나라를 빼앗긴 시기'라고 표현하지만 이 말은 틀린 표현이다. 우리 영토와 국민은 일제 강점기에도 그대로 있었기 때문이다. 다만 나라의 주권을 강제로 빼앗겨서 일제의 통치를 받았기 때문에 일제 강점기는 정확히 말하면 '우리의 주권을 빼앗긴 시기'라고 하는 것이 옳다.

정부는 국민의 주권에 따라 만들어진 입법, 사법, 행정 기구를 통틀어 가리킨다. 광복 후에 우리는 3년 동안 혼란기를 거쳐 마침내 대한민국 정부를 세웠다. 새로운 나라를 세운 게 아니라 국민을 대표해 주권을 행사하는 정부를 세운 것이다. 이때 대한민국 임시 정부를 이어받는 뜻으로 나라 이름을 '대한민국'이라 정했으며 민주 공화국이라는 체제가 시작되었다. 이처럼 대한민국 정부는 국민의 주권으로 국회의원과 대통령을 선출하고, 대통령이 내각을 만들어 세워진 것이다. 따라서 국가는 정부보다 큰 개념이다.

김대중이 아무 대답 없이 웃기만 하자 젊은 남자가 말을 이었다.

"잠시 뒤에 선생을 모시고 나가 집 근처에 내려 드릴 것입니다. 선생은 차에서 내리거든 그곳에서 소변을 봐 주십시오. 그런 다음 눈을 가린 붕대를 푸십시오. 그리고 집으로 들어가시면 됩니다. 어떻습니까? 내 말대로 해 주시겠습니까?"

"그렇게 합시다."

김대중이 대답하자 그들은 김대중을 다시 차에 태워 고속 도로를 한참 달렸다. 요금소를 지나자 빼앗았던 신분증과 명함을 돌려주었지만 나중에 돌려주겠다던 지갑과 돈은 끝내 돌려주지 않았다.

서울 시내로 들어선 승용차는 마포구 동교동의 한 골목 앞에서 멈췄다. 밤 10시가 지난 시각이었다. 김대중은 그곳에서 내려 그들의 요구대로 소변을 본 뒤 붕대를 풀었다. 그러는 사이 김대중을 태우고 온 승용차는 감쪽같이 사라졌다. 집 근처라 김대중은 길이 눈에 익었다. 김대중은 마치 저녁 산책이라도 다녀온 듯 자기 집 대문을 열고 들어갔다.

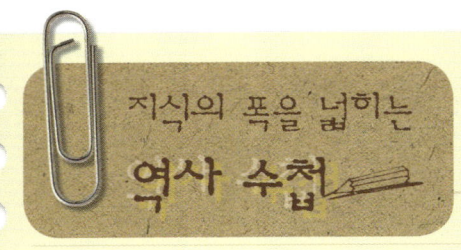

혼·분식 장려 정책과 라면

1960년대와 1970년대에는 우리나라의 쌀 생산량이 턱없이 부족해 식량난이 심각했다. 부잣집이 아니고는 하루 세 끼 쌀밥을 먹는 사람이 드물었다. 이때 정부는 혼식과 분식 장려 정책을 폈다. 혼식이란 쌀과 여러 가지 잡곡을 섞어 만든 잡곡밥을 뜻하며, 분식은 밀가루로 만든 국수, 라면 등을 가리킨다. 정부는 매주 수요일과 토요일을 '쌀 없는 날'로 정해 모든 식당에서 분식만을 팔게 했다. 초등·중학교에서는 학생들의 도시락을 검사해 잡곡 비율이 30퍼센트를 넘지 않는 학생은 교무실로 데려가 벌을 주었다.

한편 혼·분식 장려 정책이 추진될 무렵, 라면이 개발되어 온 국민의 사랑을 받았다. 라면은 면발이 구불구불하다는 뜻에서 붙여진 이름이다. 라면의 유래는 정확히 알려지지 않았지만 일본에서 라면 문화가 가장 먼저 발전했다. 우리나라에서는 1963년 무렵, 일본 기업과 기술 제휴를 맺은 삼양식품이 인스턴트 라면을 처음으로 생산했다. 정부의 혼·분식 정책에 따라 라면 소비는 빠른 속도로 늘어났다. 이후 삼양식품에 이어 여러 식품 회사가 다양한 라면을 생산하여 오늘날 한국은 세계의 4대 라면 소비국이 되었다.

▲ 1963년 분식 장려 운동으로 빵과 우유를 먹는 농림부 직원들

(3·1절에 발표한 민주구국선언)

집으로 돌아온 김대중은 다시 만난 가족들과 얼싸안고 눈물을 흘렸다. 그리고 일본에서 납치를 당할 때부터 집 앞 골목에 버려지기까지의 과정을 이야기하고 있을 때 기자들이 몰려왔다. 김대중은 옷을 갈아입을 틈도 없었다.

김대중이 서울의 집으로 돌아오고 채 한 시간도 안 되어 50명이 넘는 국내외 기자들이 모여든 것은 누군가가 각 언론사에 제보를 했기 때문이었다.

김대중이 자신의 집 앞에서 풀려났을 때 각 언론사 기자들은 놀라운 전화를 받았다.

"나는 애국청년구국대원 중 한 사람이오. 우리는 김대중을 집에 데려다 주었소. 하지만 김대중처럼 외국에 나가 정부를 헐뜯는 자는 앞으로도 그냥 두지 않을 것이오."

기자들은 전화를 끊자마자 김대중의 집으로 달려간 것이었다.

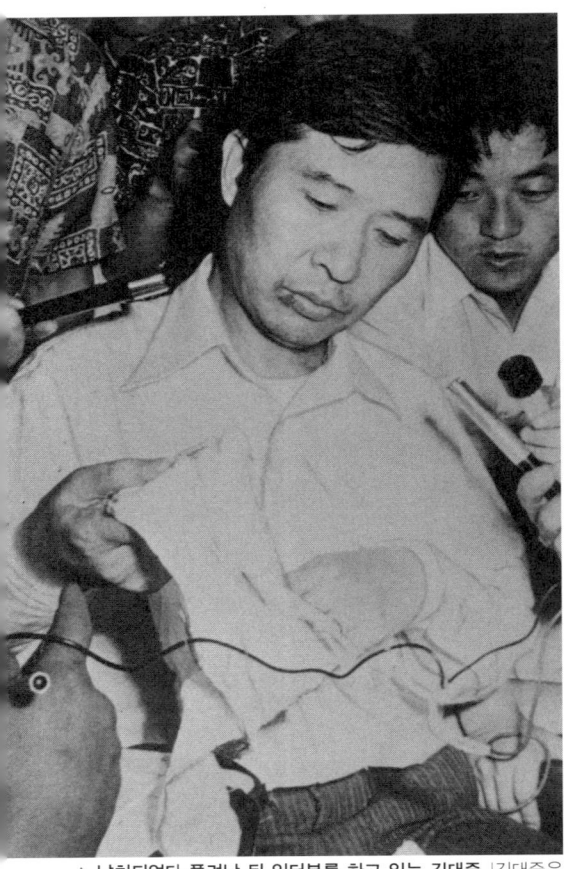

▲ 납치되었다 풀려난 뒤 인터뷰를 하고 있는 김대중 | 김대중은 1973년 8월 8일 일본에서 납치되었다가 8월 13일에 풀려났다.

김대중은 기자들에게 납치 과정을 침착하게 털어놓았다. 이야기를 하는 동안 설움에 복받쳐 자신도 모르게 눈물을 흘리기도 했다. 김대중의 이야기를 듣고 기자들이 질문했다.

"이번 일이 김대중 선생의 자작극이라는 이야기도 있는데 그 점을 어떻게 생각하십니까?"

김대중이 납치되었다는 사실이 알려졌을 때 한국 언론사들은 정부의 감시 때문에 그 사건을 자세히 보도할 수가 없었다. 게다가 납치된 후 집에 돌아올 때까지 이렇다 할 정보도 없었다. 그러자 일부 정치인들은 '김대중이 자작극을 벌이는 게 아닐까?' 하고 수군거렸고 그런 말이 기자들에게도 전해졌다.

질문을 받은 김대중은 어이가 없었지만 진실을 밝힐 만한 증거도 없었고 어떤 조직이나 단체에게 납치된 것인지 자신도 정확히 알지 못했다. 김대중은 이렇게 말했다.

"모든 진실은 국민이 판단해 주기를 바랄 뿐입니다."

얼마 뒤 일본 정부와 경찰의 수사에 따라 김대중 납치 사건의 진실이 차츰 드러났다.

일본 도쿄에서 납치되던 날 김대중은 그날따라 경호원들을 쉬게 한 뒤 혼자서 그랜드 팔레스 호텔로 갔다. 하지만 경호원들은 마음이 놓이지 않아 호텔 주변에서 머물다가 김대중이 납치된 사실을 알고는 급히 일본 경찰에 신고했다.

사건이 심상치 않다고 여긴 기자들이 달려와 취재를 했으며 일본의 NHK 텔레비전은 사건이 일어난 지 한 시간도 안 돼 속보를 내보냈다. 일본 경찰을 비롯한 수사 기관들도 발칵 뒤집혀 김대중의 행방을 추적하기 시작했다. 만약 경호원의 재빠른 신고와 일본 언론의 보도가 없었다면 김대중은 틀림없이 깊은 바닷속에 던져져 목숨을 잃었을 것이다.

8월 23일, 일본의 〈요미우리〉 신문은 1면 머리기사로 '한국의 중앙정보부가 김대중 납치 사건과 관계가 깊다.'는 글을 실었다. 한국 정부는 〈요미우리〉가 거짓 기사로 한국 정부를 헐뜯었다며 〈요미우리〉 한국 지사의 문을 닫게 했으며 일본의 한국 특파원 세 명을 일본으로 추방했다.

일본 정부 역시 그해 가을에 열릴 예정이던 '한일 각료 회의'를 미루는 등 두 나라 사이의 갈등은 더욱 심해졌다. 일본 정부는 김대중 사건을 계속 수사하며 한국 정부를 압박했고, 한국 정부는 일본의 눈치를 살펴야 할 만큼 위기를 맞았다.

일본 경찰은 9월 5일, 납치 현장에서 중요한 지문 하나를 찾아냈다. 그 지문은 당시 일본 주재 한국 대사관에서 근무하던 외교관의 것으로 밝혀졌다. 일본 경찰은 그 외교관을 불러 심문하려고 했지만 한국 대사관은 외교 특권을 내세워 일본의 요구를 거절했다. 일본은 한국의 공무원들이 일본 영토에서 중요한 범죄를 저지른 것은 일본의 주권을 침해하는 일이라고 주장했다.

미국과 일본을 중요한 우방으로 여겼던 한국 정부는 궁지에 몰렸다. 두 나

우방 |서로 우호적인 관계를 맺고 있는 나라를 말한다.

라의 도움을 받지 않고는 안보를 지키거나 경제를 발전시키는 게 힘들었기 때문이다. 결국 한국 정부는 같은 해 11월 2일, 김종필 국무총리를 급히 일본으로 보냈다. 김종필은 다나카 수상에게 '김대중 납치 사건'에 대해 정중하게 사과했고 그 일로 김대중은 한국 정부로부터 더욱 미운털이 박혔다.

그 뒤 김대중 납치 사건은 박정희 정권의 독재 정치를 상징하는 중요한 사건으로 손꼽혔다. 그럼에도 어떤 기관이 그 사건을 일으킨 것인지, 왜 김대중을 죽이려다 포기한 채 서울의 집 앞에 내려 준 것인지에 대해서는 정확한 진실이 밝혀지지 않았다. 사람들은 그저 당시의 중앙정보부가 박정희 대통령에게 충성하기 위해 사건을 일으킨 것으로 추측할 뿐이었다.

죽음의 위기를 넘기고 살아 돌아온 김대중은 그때부터 집 밖으로는 한 발자국도 나갈 수 없었다. 정부가 김대중을 '가택 연금'했기 때문이다. 가택 연금이란 집 밖으로 나가 다른 사람을 만나거나 대화하지 못하게 막는 것을 말한다. 쉽게 말하면 집에서 감옥 생활을 하는 것이라 할 수 있다. 김대중의 집 주변에는 경찰 초소가 일곱 군데나 세워졌다. 초소를 중심으로 평상시에는 200~300명, 특별한 날에는 3000여 명의 경찰관들이 겹겹이 에워싸고 김대중과 그의 집을 드나드는 사람들을 철저히 감시했다.

그때 김대중이 바깥세상 사람들과 이야기를 나눌 방법은 전화와 편지가 전부였다. 하지만 감시당할 게 분명했으니 마음 놓고 대화를 나누지 못했다. 김대중은 그런 따분한 시간을 견디기 위해 매일 아침 침실에서 일어나면 외출할 때처럼 양복을 차려입고 거실을 지나 서재로 출근했다. 서재에서 하루 종일 책을 읽거나 전화를 받고 저녁때가 되면 다시 침실로 퇴근했다.

그 무렵, 민주 인사들과 대학생들은 유신 체제와 독재 정치에 저항하며 '헌법 개정 청원 운동본부'를 조직하고 전국적으로 서명

운동을 시작했다. 그러자 박정희 정권은 1974년 1월에 긴급 조치 1호와 2호를 발표했다. 긴급 조치에 따라 개헌 운동을 이끌었던 장준하, 백기완 등 민주 인사들은 군사 재판을 받고 감옥에 갇혔다. 뿐만 아니라 언론과 집회의 자유는 더욱 억압당했다.

1974년 2월 어느 날 김대중은 하의도에 있던 아버지의 생명이 위독하다는 연락을 받았다. 김대중이 급히 하의도로 내려가려고 하자 감시자들이 앞을 막았다.

"그건 안 됩니다. 병문안을 핑계로 목포에서 정부에 반대하는 시위를 일으킬 염려가 있기 때문입니다."

몇 번이나 사정해도 정부는 김대중이 집 밖으로 나가는 것을 절대 허락하지 않았다. 얼마 뒤 김대중은 아버지가 세상을 떠났다는 슬픈 소식만 전해 들었다. 아버지의 임종을 지키지 못했던 김대중은 장례식이라도 참석하게 해 달라고 부탁했다. 하지만 정부는 못 들은 체했다. 아버지의 장례에도 가지 못하게 된 김대중은 그때의 일을 두고두고 괴로워했다.

1974년 8월 15일, 온 나라가 깜짝 놀랄 만한 사건이 일어났다. 박정희 대통령의 부인 육영수 여사가 광복절 29돌 기념식장에서 문세광의 총에 맞아 목숨을 잃은 것이다. 박정희 대통령이 엄격하고 카리스마가 넘치는 권력자였다면 육영수 여사는 자애롭고 따뜻한 마음씨를 가진 영부인이었다. 육영수 여사는 박정희 대통령의 독재 정치를 막으려고 많이 노력해 '청와대 안의 야당'이라는 별명까지 얻었다. 국민은 육영수 여사가 갑자기 세상을 떠난 일에 큰 충격을 받고 슬퍼했다.

범인 문세광은 재일 교포 2세로 '재일본 조선인 총연합회(조총련)'의 지시를 받아 박정희 대통령 암살 계획을 세웠다.

　일본에 있는 대표적인 한국인 단체로는 '재일본 대한민국 민단(민단)'과 조총련이 있다. 이 이름에서 알 수 있듯 민단은 남한, 조총련은 북한의 영향을 받고 있는 단체이다. 조총련과 문세광이 어떤 이유로 박정희 대통령을 암살하려고 했는지는 정확하게 밝혀지지 않았다.

　문세광은 권총을 몰래 숨긴 채 한국으로 들어왔다. 그리고 8월 15일 광복절 경축 행사가 열리고 있던 국립 극장으로 들어가 박정희 대통령이 연설하고 있을 때 불쑥 일어나 연단을 향해 총을 쏘았다.

　첫 번째 총성이 울렸을 때 박정희 대통령은 재빨리 연단 밑으로 머리를 숙여 참변을 피할 수 있었다. 그러자 문세광은 연단을 향해 달려가면서 육영수 여사를 향해 몇 발의 총을 쏘았는데 그중 한 발이 이마에 명중했다. 경축 행사에 참석한 합창단 여고생 한 명도 그 자리에서 숨졌다. 국립 극장 안은 순

식간에 아수라장이 되었고 문세광은 현장에서 대통령 경호원들에게 체포되었다. 그러한 상황에서도 박정희 대통령은 연설문을 끝까지 낭독한 뒤 행사를 마쳤다.

'문세광 사건'은 나라 안팎에 큰 충격을 주었으며 특히 한일 관계가 다시 차갑게 얼어붙는 원인이 되었다. 1년 전 김대중 납치 사건 때는 일본이 기세등등했지만 문세광 사건 때는 한국이 강경한 태도를 보였다. 일본은 문세광이 권총과 탄환을 가지고 비행기에 탄 것을 막지 못한 점을 깊이 사과해야만 했다. 이 사건으로 김대중 납치 사건은 슬그머니 덮였다.

문세광 사건은 30여 년이 흘러 민주주의가 뿌리를 내린 뒤에야 다시 사람들의 관심을 끌었다. 사건이 일어날 당시에는 미처 생각하지 못했던 의혹을 제기하는 전문가들도 많았다. 문세광의 범행 동기, 권총을 가지고 국립 극장 안으로 들어갈 수 있었던 배경, 실제로 발사된 실탄 수와 텔레비전 중계 방송에 녹음된 총성 수가 다른 점, 탄환을 맞은 지점의 발사 각도 등 여러 가지 의혹이 여전히 수수께끼로 남아 있다.

1974년 12월부터 1975년 4월 사이에는 〈동아일보〉 백지 광고 사건으로 세상이 매우 시끄러웠다. 당시 정부는 유신 헌법을 앞세워 언론의 자유를 억압했는데 〈동아일보〉 기자들이 이에 저항하여 선언문을 낭독하고 언론 자유를 위해 싸우기로 다짐했다. 그러자 권력자들은 동아일보사에 광고를 제공하는 기업가들을 협박해 광고를 싣지 못하게 했다. 그 일로 〈동아일보〉는 광고란을 텅 비운 채 신문을 배포했다. 이를 '백지 광고'라고 부르며 정부의 언론 탄압을 상징하는 사건으로 유명하다.

이때 일반 시민들은 자발적으로 돈을 걷어 〈동아일보〉에 격려 광고를 실었다.

'자유 언론 만세.'
'민족의 새벽은 옵니다.'
'우리는 너의 고난을 외면하지 않을 것이다.'

이러한 격려 광고 중 첫 번째는 1975년 1월 1일자 〈동아일보〉 8면에 '언론의 자유를 지키려는 한 시민'이 실은 광고였다.

언론 자유는 우리의 생명이다. 그것 없이는 인권도 사회 정의도 학원(학교)과 종교의 자유도 그리고 국민의 자발적 참여에 의한 국가 안보도 존재하지 않는다. 언론 자유는 민주주의의 혼이요 모든 소망의 근원이다. …… 이는 〈동아일보〉의 문제가 아니라 우리 모두의 사활에 관한 문제인 것이다.

이 광고는 가택 연금을 당하고 있던 김대중이 비서를 시켜 실은 것이었다.
날이 갈수록 야당과 시민, 학생들의 유신 체제를 반대하는 시위가 거세지자 박정희 대통령은 1975년 2월 12일, 성명을 발표했다. 국민 투표로 유신 헌법을 없앨 것인지 말 것인지 결정하자는 내용이었다. 그때 자신에 대한 신임도 함께 묻겠다고 했다. 이때 야당과 민주 인사들은 국민 투표를 거부하자는 운동을 벌였다.

"유신 헌법을 반대하지 못하게 철저히 탄압하면서 정부가 갑자기 국민 투표를 한다면 누가 나서서 유신 헌법에 반대하겠습니까?"

"그렇습니다. 정부는 야당과 민주 인사들을 더욱 심하게 탄압하기 위해 사기극을 벌이는 것입니다. 따라서 국민 투표를 거부해야 합니다."

투표에 참여하는 것은 민주 시민의 가장 중요한 권리 중 하나이다. 하지만 투표를 거부하는 일도 국민의 의사를 보여 주는 방법이다.

한 예로 2011년 8월, 서울 시장이 시장직을 내걸고 학생들의 무상 급식에 대해 찬반을 묻는 주민 투표를 하겠다고 했다. 이 투표에서는 야당과 많은 시민들이 투표 거부 운동을 벌여 투표율이 25.7퍼센트에 그쳤다. 결국 서울 시장은 투표함을 열어 보지도 못한 채 시장직에서 물러나야만 했다. 개표를 하기 위해서는 투표율이 33.3퍼센트 이상이 되어야 하는데 이마저 채우지 못할 정도로 서울 시민들의 지지를 받지 못했기 때문이다.

하지만 1975년에 치른 국민 투표는 달랐다. 투표율은 79.8퍼센트였고 그중 찬성표는 73.1퍼센트가 넘었다. 이처럼 유신 헌법에 대한 투표율과 찬성률이 높았던 것은 야당의 투표 거부 운동이 국민에게 받아들여지지 않았기 때문이다.

"야당에서 투표 거부 운동을 벌이는데 정말 투표를 안 해도 될까?"

"어림없는 소리. 요즘 같은 때에 정부를 반대하다가 무슨 봉변을 당하려고? 반대표를 찍더라도 투표는 해야지."

"유신 헌법에 반대했다가 들통이 나면 어쩌지?"

"설마……."

유신 헌법에 대한 찬반 의견을 묻는 국민 투표에서 승리한 박정희 대통령은 긴급 조치로 구속된 민주 인사들과 학생들을 풀어 주었다. 그러면서 대부분의 국민이 유신 헌법을 찬성하고 있으니 야당과 민주 세력은 더 이상 반대하지 말라고 윽박질렀다. 이때 김대중도 가택 연금에서 풀려나 다시 정치 활동을 할 수 있었다.

민주 세력은 박정희 대통령의 술책에 넘어가지 않았다. 그들은 민주화를 외치며 유신 헌법을 반대하는 투쟁을 더욱 활발하게 펼쳐 나갔다. 박정희는 그들을 더욱 탄압하기 위해 1975년 5월 13일에 긴급 조치 9호를 선포했다. 긴급 조치 9호에 따르면 유신 헌법을 반대하거나 비방하면 법원의 영장을 받지 않고도 민주 인사나 시위 학생들을 체포할 수 있었다.

긴급 조치 9호로 더욱 많은 사람이 감옥에 갇혔다. 사람들은 유신 체제에 저항할 엄두를 내지 못했고 젊은이와 학생들은 자신들을 가리켜 '긴급 조치 세대'의 줄임말인 '긴조 세대'라고 불렀다. 일제 강점기를 겪었던 노인들은 탄식했다.

'일제의 통치에서 벗어난 지 수십 년이 지났건만 왜 우린 자유를 누리지 못하는 것일까?'

이처럼 깊은 어둠 속에서 한 해가 저물고 새해가 밝았다.

김대중은 김수환 추기경을 비롯해 국민의 존경을 받고 있던 종교인, 지식인 등을 만나 민주주의를 요구하는 선언문을 낭독하는 일을 상의했다.

일제 강점기에 민족 대표들이 독립 선언문을 발표하고 3·1 운동을 이끌었던 것처럼 그들도 1976년 3월 1일 '민주구국선언'을 발표할 작정이었다. 장소는 정부의 탄압을 피할 수 있는 명동 성당으로 정했다.

윤보선, 함석헌, 정일형, 김대중 등 당시 민주 세력의 지도자로 추앙받던 20여 명이 선언문에 서명을 했다.

그날 명동 성당에서는 3·1절 기념 미사가 열렸다. 이 기념 미사는 1부와 2부로 나뉘어 진행되었다. 1부는 천주교 사제들과 신자들 700여 명이 참석한 가운데 김승훈 신부가 강론한 일반적인 미사였고 2부는 문동환 목사가 설교한 뒤 문정현 신부가 집전했다. 2부 미사가 거의 끝나 갈 무렵, '3·1 민주구국선언'이 발표되었다.

선언문의 내용은 '하루빨리 유신 체제를 끝내고 독재자 박정희는 그만 물러나야 한다.'는 것이었다. 선언문 끝 부분에는 세 가지 요구 사항을 넣었다.

첫째, 국민의 주체적이고 자발적인 참여와 의회 정치의 구현, 사법권의 독립에 바탕을 둔 진정한 민주주의를 국가의 실질적 기초로 세울 것.
둘째, 노동자와 농민의 희생을 강요하는 경제 구조를 재검토할 것.
셋째, 민주주의를 뿌리내려 민족 통일을 이룰 것.

이 선언문이 발표된 뒤 김대중, 정일형 등 민주 세력은 명동 성당 앞에서 촛불 시위를 벌였다. 그곳에는 수많은 국내외 기자가 있었지만 국내 신문에는 그 역사적인 사건이 한두 줄 정도로 짧게 실렸다. 이에 비해 일본 신문들은 그 일을 국제면 머리기사로 크게 보도했다. 그러면서 '한국의 민주 세력이 박정희의 유신 체제를 정면으로 비판했다.'고 소개했다.

박정희 정권은 3·1 민주구국선언에 서명했던 사람들을 모조리 체포했다. 전직 대통령 윤보선, 대통령 후보로 박정희와 맞섰던 김대중, 천주교와 기독교 지도자들, 대학 교수, 여성계 인사들이 체포되어 재판을 받았다. 피고인들이 워낙 유명했기 때문에 3·1 민주구국선언 사건은 저절로 널리 알려졌고 이후 민주화 운동에 큰 영향을 주어 유신 체제를 무너뜨리는 데에도 큰 역할을 했다.

김대중은 이때 다른 사람보다 훨씬 무거운 징역 7년 형을 선고받았다. 하지만 이듬해인 1977년에 대법원의 판결에 따라 징역 5년, 자격 정지 5년 형으로 확정되었다. 김대중은 2년 9개월 동안 옥에 갇혔다가 1978년 12월 27일, 특별 사면으로 풀려났다.

특별 사면 |대통령이 형벌을 받고 있는 죄수의 형을 면제하거나 유죄 선고의 효력을 없애 주는 조치. 줄여서 '특사'라고도 부른다.

다시 맞은 죽음의 위기

　1979년, 10·26 사태로 박정희 대통령이 숨지자 국민은 문세광 사건 때보다 더욱 큰 충격을 받았다. 하지만 박정희 대통령의 장례식이 끝나고 차츰 사회가 안정되자 하루빨리 민주적인 정부가 들어서길 원했다. 그런데 국민의 희망과는 달리 '신군부'로 불린 군인들이 정국을 이끌어 나갔다.

　신군부는 전두환, 노태우 등 육군 사관 학교 출신의 일부 장교 세력을 일컫는데 10·26 사태가 일어난 뒤 갑자기 큰 주목을 받기 시작했다. 그해 12월 12일에는 신군부 세력이 자신들의 상관인 정승화 육군 참모 총장을 체포하고 군대 안에서 권력을 차지했다. 이 일을 12·12 사태라고 한다.

　이듬해인 1980년 봄, 새 학기가 시작되면서 각 대학에서는 민주화를 요구하는 시위가 끊이지 않았다. 이때의 상황을 프라하의 봄에 비유해 '서울의 봄'이라고 불렀다. 그 무렵, 일부 정치인과 대학생들 사이에서 이상한 소문이

프라하의 봄 |1968년 체코슬로바키아에서 일어난 민주화 운동을 말한다.

떠돌았다.

"요즘 신군부의 움직임이 수상해."

"무슨 말이야?"

"신군부가 정권을 차지하려고 음모를 꾸미고 있다는 소문이 있어."

"박정희가 18년 동안 군사 독재를 펴다가 비참한 최후를 맞았는데 군인들이 또 정치를 하겠다고 나설까?"

그때 신군부는 각계각층에서 일어나는 민주화 시위를 애써 막으려 하지 않았다. 일부러 사회를 혼란하게 만들어 자신들이 정변을 일으킬 명분을 얻기 위해서였다.

1980년 5월 15일, 자그마치 10만 명이 넘는 대학생이 서울 역 광장에서 민주화를 요구하는 시위를 벌였다. 이 시위는 한국 현대사를 결정하는 중요한 전환점이 되었다.

1960년 4·19 혁명 이후 대학생들이 한자리에 그처럼 많이 모인 것은 처음이었다. 4·19 혁명 때 학생들과 시민이 이승만 독재 정부를 몰아냈던 것처럼 서울 역 시위에 나선 학생들도 민주 정부를 세우기 위해 뭉쳤다. 학생들은 서울 시내가 들썩일 정도로 한목소리로 외쳤다.

"전두환은 사퇴하라!"

"비상계엄령을 해제하라!"

이때 계엄군은 서울 역에서 가까운 효창 공원에 모여 있었다. 군인들은 학생들을 무력으로 진압할 준비를 하며 명령을 기다리고 있었다. 이 소식을 듣고 학생 시위 지도부는 급히 회의를 열었다. 학생들은 온건파와 강경파로 의견이 나뉘었다.

"학생들의 힘을 충분히 보여 주었으니 오늘은 이쯤에서 물러납시다. 만약

　　　　이대로 청와대까지 행진한다면 군인들이 무력으로 진압할 것이고 그렇게 되면 우리는 큰 희생을 치러야 합니다."
온건파의 말에 강경파가 반대했다.
　"지금 여기서 물러나는 것은 자살하는 것이나 마찬가집니다. 우리가 스스로 물러날 경우 신군부가 어떤 보복을 할지 모릅니다. 끝까지 싸워 민주 정부가 들어설 기틀을 다져야 합니다."

양쪽 주장이 팽팽히 맞서는 가운데 대세는 온건파로 기울었다. 결국 대학생들은 '다음에 다시 만나자'며 뿔뿔이 흩어졌다. 하지만 이 결정에 불만을 품은 일부 대학생들은 각자 대학으로 돌아가 밤새도록 시위를 계속했다.

이 사건을 태조 이성계의 '위화도 회군'에 빗대어 '서울 역 회군'이라고 부른다. 서울 역 회군이 옳은 결정이었는지 아닌지에 대해서는 의견이 엇갈리지만 그 사건은 한국 현대사에서 매우 중요한 순간이었다. 학생들이 스스로 해산하자 강경파의 예상대로 신군부가 무자비한 탄압을 시작했기 때문이다.

신군부는 서울 역 시위가 일어난 지 이틀 만인 5월 17일 밤에 계엄령을 전국으로 확대한다고 발표했다. 당시에는 제주도를 제외한 모든 지역에 계엄령이 내려져 군인들이 각 도시와 대학교로 파견되어 민주화 시위를 막고 있었다. 그런데 계엄령이 전국으로 확대되면서 제주도까지 계엄군이 들어가게 되었다.

또한 신군부는 모든 정당과 정치 활동을 금지하고 국회를 폐쇄한다고 했다. 그런가 하면 임시 통치 기관인 국가보위 비상대책위원회(국보위)를 만들겠다고 했으며 학생, 정치인, 민주 인사 2699명을 체포했다. 이처럼 신군부가 무력을 써서 권력을 차지한 일을 5·17 군사 정변이라고 부른다.

신군부는 5·17 군사 정변을 일으키기 몇 시간 전에 민주화 운동을 이끌고 있던 정치인, 민주 인사, 지식인 26명을 체포했다. 이때 김대중뿐 아니라 국무총리와 민주공화당 총재를 지냈던 김종필도 체포되었으며 김대중의 맞수로 손꼽히던 김영삼은 가택 연금되었다.

그날 밤 9시쯤, 동교동 김대중의 집에 계엄군이 들이닥쳤다.

"문 열어!"

군인들이 소총 개머리판으로 대문을 마구 두드렸다. 그때 경호원들이 문을 열지 않고 버티자 김대중이 자리에서 일어났다.

"어떻게 하시려고요?"

경호원들이 김대중에게 물었다.

"문을 열라고 하니 열어야지."

"그건 안 됩니다."

"괜찮네. 자네들이 열지 않겠다면 내가 직접 열겠네."

응접실에 있던 김대중이 일어나려는데 계엄군은 어느새 대문을 부수고 응접실까지 들어와 총을 겨눴다. 김대중의 경호원들이 계엄군과 맞서려고 하자 김대중이 소리쳤다.

"아무도 저항하지 마라!"

김대중은 계엄군에게 용건을 물었다.

"무슨 일로 온 것인가?"

계엄군들은 대답 대신 '가자!'며 윽박질렀다.

"가자면 갈 테니 이 총은 치우게."

김대중은 그렇게 말한 뒤 그들이 지켜보는 자리에서 외출복을 입고 남산에 있던 중앙정보부 지하실로 끌려갔다. 그때부터 김대중은 쉴 틈 없이 조사를 받았다. 날마다 똑같은 질문과 똑같은 답변이 이어졌다. 김대중은 자신이 무슨 죄로 끌려간 것인지도 모른 채 수사관들의 혹독한 심문을 견뎌야 했다. 그런 생활이 계속 이어지다 보니 날짜가 얼마나 지났는지조차 가늠할 수 없었다.

어느 날, 합동수사본부의 책임자가 김대중에게 물었다. 김대중은 그를 만난 적이 있어 낯이 익었다.

"김대중 씨, 우리에게 협력할 생각 없습니까? 그렇게만 해 준다면 대통령을 빼고는 어떤 직책이라도 드리겠습니다. 하지만 협력하지 않겠다면 우린 당신을 살려 둘 수가 없습니다."

김대중은 뜻밖의 제안을 받고는 아리송했다. 오랫동안 잠도 제대로 못 잔 채 수사를 받다 보니 머릿속이 멍해 아무런 대답도 하지 못했다. 그러자 책임자가 다시 말했다.

"당장 결정하는 게 어렵다면 생각할 시간을 드리겠습니다. 사흘 뒤에 다시 올 테니 그때 답변해 주시기 바랍니다."

책임자가 떠난 뒤 중앙정보부 직원이 날짜가 지난 신문을 김대중에게 주었다. 그동안 바깥소식을 까맣게 모르고 있던 김대중은 신문을 보고서야 자신이 체포된 지 42일이 지났다는 걸 알았다. 그리고 자신이 체포된 다음 날 '5·18 광주 민주화 운동'이 시작되었다는 기사를 보았다.

김대중은 기사를 읽다가 너무나 큰 충격을 받고 그만 정신을 잃었다. 곧바로 의사가 달려와 치료를 한 뒤에야 의식을 되찾았다.

그날 밤, 김대중은 깊은 생각에 잠겼다. 광주 시민들이 민주주의를 요구하며 계엄군에 맞서 싸우다 수백 명이 목숨을 잃고 그보다 훨씬 많은 사람들이 부상당했다. 그들이 죽어가면서까지 민주화를 외치고 자신의 석방을 요구했다는 기사를 보면서 김대중은 큰 책임감을 느꼈다.

'나 한 사람의 석방을 위해 목숨을 바친 시민들을 생각해서라도 끝까지 싸워야 해.'

김대중은 큰 결심을 하고 사흘 뒤에 찾아온 합동수사본부 책임자에게 단호하게 말했다.

▲ 5·18 광주 민주화 운동 당시의 금남로 |5·18 광주 민주화 운동은 광주 시민을 중심으로 계엄령 철폐와 전두환 퇴진 등을 요구하며 일어났다. 전남 대학교, 전남도청, 금남로 등이 민주화 시위가 거세게 일어났던 대표적인 장소이다.

"난 당신들에게 협력할 생각이 없소. 이미 죽을 결심을 했으니 마음대로 하시오."

책임자는 이틀 뒤에 다시 찾아와 똑같이 제의했지만 김대중의 결심은 흔들리지 않았다.

얼마 뒤 김대중은 '내란 음모죄'와 '반국가단체 수괴죄'로 군사 재판을 받았다. 내란이란 정권을 차지하려고 나라를 어지럽히는 것을 말하며, 반국가단체 수괴란 반란을 일으키려는 단체의 우두머리를 말한다. 당시 신군부는 5·18 광주 민주화 운동을 내란

으로 몰았으며 김대중의 지시로 광주에서 10일 동안 폭동이 일어난 것이라고 했다.

그리고 사건을 조작하기 위해 광주 민주화 운동에 앞장섰던 학생과 시민들을 모질게 고문해 거짓 자백을 받아 냈다. 그들 중에서는 고문을 이기지 못해 거짓 자백을 한 것에 양심의 가책을 느끼고 자살하려던 사람도 있었다.

김대중이 중앙정보부에 끌려간 것은 광주 민주화 운동이 시작되기 전이었다. 김대중은 체포된 지 42일이 지나서야 광주에서 민주화 운동이 일어났다는 것과 자신에게 씌워진 죄를 알았기 때문에 내란을 일으키거나 그런 일의 우두머리가 될 수 없었다.

1980년 9월 17일, '김대중 내란 음모 사건'에 대한 군사 재판이 열렸다. 재판장은 김대중에게 사형을 선고했다.

"김대중…… 사형!"

재판장은 곧이어 김대중 내란 음모 사건으로 함께 체포되었던 고은, 문익환, 리영희 등 24명의 피고인들에게 징역 2년에서 10년 형을 선고했다. 김대중처럼 그들도 김대중 내란 음모 사건과는 전혀 상관없는 사람들이었다. 그저 우리나라의 민주화를 요구하고 독재 정치를 무너뜨리기 위해 노력한 사람들일 뿐이었다.

재판은 오전 10시 2분에 시작되어 6분 만인 10시 8분에 끝났다. 김대중이 사형 선고를 받았다는 소식은 곧 전 세계에 알려졌다. 세계 각국의 정치 지도자들은 그 소식에 크게 놀랐다.

당시 서독의 겐셔 외상(외무부 장관)은 유럽 공동체 회원국들에게 이렇게 제안했다.

"한국의 김대중 씨가 사형 선고를 받은 것은 명백한 정치 탄압입니다. 김

▲ **내란 음모 사건으로 재판을 받고 있는 김대중** | 김대중은 5·18 광주 민주화 운동을 일으켰다는 누명을 뒤집어쓰고 재판에서 사형을 선고받았다. 하지만 국제 사회의 압력으로 목숨을 건질 수 있었다.

대중 씨를 처형하는 것은 한국에서 민주주의가 말살되는 것을 뜻합니다. 유럽 공동체는 함께 한국 정부에 강력히 항의해야 합니다."

이에 따라 유럽의 여러 나라가 한국 정부에 항의했으며 동독과 소련, 중국의 언론사들도 한국 정부를 비판하는 내용을 보도했다. 미국의 머스키 국무장관은 '미합중국 정부는 김대중 씨에게 사형 선고가 내려진 일에 대해 매우 염려하고 있다.'라는 성명서를 발표했다.

일본의 스즈키 젠코 수상도 미국과 같은 뜻의 성명서를 발표하면서 '만약 김대중 씨를 처형한다면 한국에 대한 여러 가지 지원을 다시 검토하겠다.'라고 했다. 일본 도쿄에서는 재일 교포와 일본의 인권 단체 회원들이 김대중을 석방하라며 대규모 시위를 벌이기도 했다.

　김대중은 사형 선고를 받고도 오히려 평안한 표정이었다. 매일 저녁마다 하느님께 감사의 기도를 드리고 잠자리에 누웠으며 그를 감시하던 헌병이 어리둥절하게 생각할 만큼 쉽게 잠이 들었다.

　어느 날 헌병이 나직이 물었다.

　"아니 선생님, 사형 선고를 받은 마당에 그렇게 편히 잠을 잘 수가 있습니까?"

　김대중이 웃으며 되물었다.

　"난 벌써 죽음을 각오한 사람이네. 눈을 부릅뜨고 있으면 누가 와서 날 살려 준다던가?"

(30만 명의 환영 인파)

　1980년 8월 신군부의 우두머리였던 전두환도 통일주체국민회의를 통해 제11대 대통령에 당선되었다. 유신 정권 때 만들어진 통일주체국민회의는 대통령 간접 선거 때나 나라에 중요한 일이 있을 때 국민을 대신해 의사를 결정하는 헌법 기관이었다. 이 기관의 대의원으로 선출된 사람들은 대부분 각 지역의 영향력 있는 유지들이었다. 그들은 박정희 정권의 정책을 누구보다 모범적으로 따르는 사람들이기도 했다. 그래서 유신 헌법에 따라 대통령 간접 선거를 했을 때 박정희 후보가 100퍼센트에 가까운 지지를 받을 수 있었다.
　전두환 대통령은 중앙정보부를 '국가 안전 기획부'로 바꾸었으며 정부에 비판적이던 언론사를 없애거나 통합해 나갔다. 그 일로 〈동아일보〉가 운영하던 DBS 라디오가 없어졌고, 〈중앙일보〉가 운영하던 TBC 라디오와 텔레비전(채널7)은 공영 방송인 KBS 2 라디오와 KBS 2 텔레비전으로 바뀌었다. 뿐만 아니라 통신사, 중앙과 지방의 일간지 등 27개 언론사가 통합되거나 없어졌다.

　DBS 라디오, TBC 텔레비전 등이 마지막 방송을 내보낼 때 출연했던 기자와 아나운서, 연기자들은 눈물을 닦으며 작별 인사를 했다. 이 언론 통폐합 정책에 따라 수많은 언론인도 직장을 잃었다. 언론사들이 이처럼 심한 탄압을 받은 것은 광복 이후 처음 있는 일이었지만 누구도 새로운 권력자인 전두환을 비판하지 못했다.

　한편 전두환 대통령은 유신 헌법을 개정해 대통령 임기를 7년 단임으로 하는 제5공화국 헌법을 만들었다. 새 헌법에서도 대통령을 간접 선거로 뽑게 했기 때문에 유신 헌법과 별로 달라진 게 없었다. 전두환은 새 헌법에 따라 다시 대통령 후보로 출마해 1981년 2월, 제12대 대통령에 당선되었다. 이때부터 제5공화국이 시작되었다.

　이보다 앞서 김대중은 자신에게 내려진 사형 선고가 부당하다며 대법원에 상고했다. 하지만 1981년 1월 23일, 대법원 재판에서 김대중의 상고를 기각했다. 육군 고등 법원에서 내린 판결이 옳다는 뜻이었다. 김대중에게는 더 이상 희망이 없었다.

　그런데 전두환 대통령은 대법원 판결이 있은 뒤 임시 국무 회의를 열어 김대중의 형량을 무기 징역으로 낮추어 주었다. 또한 김대중 내란 음모 사건으로 구속되었던 다른 피고인들의 형량도 줄여 주었다. 죽음의 문턱까지 갔던 김대중은 다시 한 번 목숨을 구할 수 있었다.

　전두환 대통령이 김대중의 형량을 낮춘 것은 국제 사회의 압력 때문이었다. 전 세계의 수많은 언론사와 정치인들은 매일같이 김대중을 사형시키려는 전두환 정권을 비판했다. 특히 미국은 이렇게 말했다.

상고 | 피고인이 고등 법원의 판결에 불복하여 대법원으로 하여금 마지막 판결을 해 달라며 소를 내는 것을 말한다.

"만약 김대중 씨를 사형한다면 한국의 새 정부가 독재 정부라는 뜻이다. 우리는 독재 정부를 도와줄 수 없다."

덕분에 김대중은 죽음을 면할 수 있었다. 무기 징역으로 형량이 낮아진 김대중은 청주 교도소로 옮겨져 독방에서 지냈다. 김대중이 갇힌 독방의 양쪽 방은 텅 비어 있었고 방 주위도 벽돌로 막혀 있어 김대중은 철저히 혼자 지냈다. 하지만 억울하게 갇혀 있던 시간을 허투루 보내지 않고 오히려 책을 읽는 즐거움에 빠져 있었다. 김대중은 자서전《나의 삶 나의 길》에서 당시의 심정을 이렇게 기록했다.

좋은 책을 읽을 때마다 나는 감격했다. 만약 교도소에 들어오지 않았더라면 이런 진리를 알 수 없었을 텐데 하는 생각도 들었다. 그런 의미에서 나는 교도소에 수감된 것을 정말이지 다행스럽게 여겼다. 인간에게는 완벽한 불행은 없다는 것을 깊이 깨달았던 것도 그 때문이었다.

1982년 12월 10일, 김대중이 2년 가까이 청주 교도소에 갇혀 있을 때였다. 한 정보 기관원이 김대중을 찾아와 물었다.

"김 선생, 혹시 미국으로 치료를 받으러 갈 생각 없습니까?"

정부는 김대중을 풀어 준 뒤 정치 활동을 막기 위해 미국으로 쫓아낼 계획이었다. 김대중은 오랜 감옥 생활을 하면서도 건강에는 별다른 문제가 없었다. 그런데 박정희 정부 때 다쳤던 고관절이 말썽이었다. 그 사실을 알고 미국의 조지타운 대학에서 무료로 고관절 수술을 해 주겠다고 제의했지만 전두환 정권은 1년 가까이 그런 사실을 숨기고 있었다.

김대중은 정보 기관원의 말을 듣고 걱정이 되었다. 미국에서 치료를 받을 수 있다면 좋겠지만 엄청난 수술비와 생활비는 어떻게 해결할 것인가? 게다가 '김대중 내란 음모 사건'으로 억울하게 갇혀 있는 민주 인사들도 걱정이었다.

"제안은 고맙지만 거절하겠소."

김대중이 대답했다.

"이렇게 좋은 기회를 왜 거절하십니까?"

"나 때문에 억울하게 옥에 갇힌 사람들이 아직도 많이 있소. 그들을 놔두고 내가 어떻게 미국으로 간단 말이오?"

"알겠습니다. 그럼 그 문제를 다시 협의해 보겠습니다."

얼마 뒤 정부는 김대중 내란 음모 사건으로 구속된 사람들을 모두 석방했

다. 그리고 갑자기 김대중을 석방한 뒤 김포 공항에 대기하고 있던 비행기까지 호송했다. 이때 비행기 안에는 김대중의 가족들도 타고 있었다. 김대중의 가족 역시 미국으로 쫓겨났던 셈이다.

김대중 일행이 탄 비행기가 미국 워싱턴 내셔널 국제공항에 도착했을 때 300여 명의 기자와 환영객들이 기다리고 있었다. 그들은 김대중의 모습이 보이자 "김대중! 김대중!" 하고 외치며 뜨거운 박수로 맞아 주었다. 김대중은 그 자리에서 한국인들뿐 아니라 세계 각국 사람들이 자신의 석방을 위해 노력해 준 일에 감사하며 치료가 끝나는 대로 한국으로 돌아가 민주 정부를 세우는 일에 다시 나서겠다는 다짐을 밝혔다.

김대중은 미국에서 바쁜 나날을 보냈다. 한국 교포들뿐 아니라 미국인들, 미국 정부와 의회 관계자들이 초청하면 어디든 달려가 연설을 했다. 김대중이 강연할 때면 적게는 수백 명에서 많게는 1만 명에 가까운 청중이 모여들었고 강연이 끝난 뒤에는 모두 뜨거운 박수를 보내 주었다.

김대중은 조지타운 대학에서 자신을 무료로 치료해 주겠다고 한 사실을 뒤늦게 알고 조지타운 대학 병원으로 찾아갔다. 김대중의 고관절을 정밀 검사하고 난 뒤 의사가 말했다.

"김 선생님, 이것을 고치려면 수술하고 치료하는 데 6개월 정도가 걸립니다. 굳이 수술을 원하신다면 해 드리겠습니다만 지금 상태로 놔두는 게 더 좋을 것 같군요. 어떻게 하시겠습니까?"

"그렇다면 수술을 받지 않겠습니다. 그리고 이 병원에서 내게 호의를 베풀어 주신 점은 정말 고맙게 생각합니다."

결국 김대중은 수술을 포기한 채 미국에서 계속 활동을 이어 나갔다.

김대중이 미국에 있는 동안 한국에서는 전두환 정권에 항의하는 야당 정치인과 민주 인사, 학생들의 시위가 끝없이 일어나고 있었다. 신민당 총재를 지냈던 김영삼은 가택 연금을 풀어 달라며 무기한 단식 투쟁을 시작했다. 단식 투쟁은 1983년 5월 18일부터 6월 9일까지 무려 22일 동안 이어졌다. 미국에 있던 김대중은 워싱턴, 뉴욕 등에서 교포들과 함께 가두시위를 벌였다.

"5공 정권은 군사 독재를 그만두고 김영삼 씨의 가택 연금을 풀어 주어라!"

두 사람은 비록 정치적으로는 맞수였지만 조국의 민주화를 위하는 마음은 같았다. 김대중이 김영삼을 지지하는 시위를 벌이자 미국의 정치인과 지식인들이 말했다.

"당신과 김영삼 씨는 라이벌로 유명한데 그를 위해 성심껏 일하고 있는 걸 보

니 놀랍고 감동적입니다."

그 말에 김대중이 웃으면서 대꾸했다.

"우리는 한국의 민주화를 위해 함께 싸우고 있는 동지입니다. 라이벌은 그 다음의 문제일 뿐입니다."

김영삼이 목숨을 내걸고 단식 투쟁을 계속하자 정부는 큰 부담을 느끼고 결국 김영삼의 가택 연금을 풀어 주었다. 이 일이 계기가 되어 1984년에는 '민주화 추진협의회(민추협)'이라는 정치 단체가 만들어졌다. 민추협의 공동 의장으로는 김영삼과 김대중이 추대되었으며 이 단체는 제5공화국 정권을 무너뜨리는 데 큰 영향을 끼쳤다.

1984년 여름, 김대중은 귀국하기로 결심하고 한국 정부에 그 사실을 알렸다. 정부는 김대중이 귀국하는 게 조금도 달갑지 않았기 때문에 만약 한국으로 돌아온다면 곧바로 구속하겠다고 협박했다.

김대중은 하버드 대학 국제문제연구소에서 연구원으로 일하며 필리핀의 야당 지도자였던 베니그노 아키노 부부와 친분을 쌓았다. 그런데 아키노가 망명 생활을 마치고 필리핀의 마닐라 공항에 도착했을 때 필리핀 정부의 기관원이 그를 몰래 끌고 가 사살하는 사건이 일어났다.

그 일은 전 세계에 큰 충격을 주었으며 아키노 부부와 친하게 지냈던 김대중은 더욱 큰 충격을 받고 슬퍼했다. 만약 김대중도 귀국했다가는 아키노처럼 쥐도 새도 모르게 끌려가 목숨을 잃을지도 몰랐다. 미국 정부와 미국의 학자, 정치인, 언론인들은 김대중에게 귀국하지 않는 게 좋겠다고 권유했다. 그럼에도 김대중은 뜻을 굽히지 않았다.

미국 하원 의원 2명을 비롯해 전직 고위 관리들, 기업인, 가수, 목사 등 여러 인권 운동가들이 김대중과 함께 한국을 방문하겠다고 따라나섰다. 김대중의 안전을 위해서였다.

김대중 일행이 탄 비행기가 일본 도쿄에 도착했을 때 100여 명의 각국 기자들이 열띤 취재 경쟁을 벌였다. 그때 한 프랑스 기자가 물었다.

"한국 정부는 당신이 과거의 인물이라고 합니다. 그래서 당신에게 관심을 갖는 한국인들은 없을 것이고 당신의 정치 생명은 끝났다고 하는데 어떻게 생각하십니까?"

이때 김대중이 대답했다.

"정치 생명이 끝났는지 안 끝났는지는 나도 알지 못합니다. 그 대신 나와 함께 김포 공항에 도착하면 그 결과를 알 수 있을 것입니다.

▲ **김포 공항에 모인 김대중 환영 인파** | 김대중이 망명 생활을 끝내고 한국으로 돌아왔을 때 30여 만 명의 환영객이 김포 공항에 모여 들었다.

적어도 5만 명 정도가 김포 공항에서 나의 귀국을 환영하리라 생각합니다."

"5만 명요? 아무리 당신의 인기가 높다 해도 그처럼 많은 국민이 김포 공항에 나올 수는 없습니다. 과장이 심하시군요."

김대중을 둘러싼 다른 기자들도 웃음을 터뜨렸다.

김대중 일행이 일본에서 비행기를 갈아타고 김포 공항에 도착했을 때였다. 5만 명의 6배가 넘는 30여 만 명이 김포 공항 청사를 가득 메운 채 김대중의 이름을 외치고 있었다. 하지만 김대중은 그들에게 답례 인사도 못한 채 사복 경찰관들에게 이끌려 곧바로 동교동 집으로 호송되었다. 그때 김대중의 집 주변은 집 안을 촬영할 수 없도록 높은 장막으로 가려져 있었다. 김대중은 미국으로 쫓겨난 지 2년 만에 그렇게 한국으로 돌아왔다.

1987년, 시민들의 민주 항쟁으로 대통령 임기를 5년 단임으로 하며 직선제로 선출하는 민주 헌법이 만들어졌다. 그런데 같은 해 12월에 치러진 대통령 선거에서 김영삼과 김대중은 후보 단일화를 이루지 못해 여당의 노태우 후보에게 패배했다.

이때 노태우 후보가 36.6퍼센트를 차지했고 김영삼 후보는 28퍼센트, 김대중 후보는 27퍼센트의 지지를 받았다. 김영삼과 김대중이 얻은 표를 합치면 56퍼센트가 넘으니 두 사람이 단일화를 했더라면 노태우 후보를 손쉽게 이겼을지도 몰랐다. 그 일로 두 사람을 비난하는 사람들도 많았다.

노태우 대통령이 임기를 시작하면서부터 제6공화국이 시작되었다. 이때 김영삼은 3당 통합을 하여 민주자유당 총재로 추대되었다. 그리고 1992년에 치러진 제14대 대통령 선거 때 김영삼과 김대중은 다시 힘을 겨뤄야 했다. 김영삼은 민주자유당 총재로, 김대중은 평화민주당 총재로 대통령 선거에 나섰고 결국 김영삼이 제14대 대통령에 당선되었다.

야당 후보인 김대중은 거대 여당 후보인 김영삼에게 패배한 뒤 더 이상 국민을 볼 낯이 없다며 정치를 그만두겠다고 선언했다.

존경하는 국민 여러분! 저는 또다시 국민 여러분의 신임을 얻는 데 실패했습니다. …… 저는 김영삼 후보의 대통령 당선을 진심으로 축하하는 바입니다. 저는 김영삼 총재가 앞으로 이 나라의 대통령으로서 정치, 경제, 사회 모든 분야에서 성공하여 국가의 민주적 발전과 조국의 통일에 큰 기여하기를 바라 마지않습니다. 국민 여러분! 저는 오늘로써 국회 의원직을 사퇴하고 평범한 한 시민이 되겠습니다. 이로써 40년의 파란 많았던 정치 생활에 사실상 종말을 고한다고 생각하니 감개무량한 심정을 금할 길이 없습니다. …… 이제 저는 저에 대한 모든 평가를 역사에 맡기고 조용한 시민 생활로 돌아가겠습니다. 국민 여러분과 당원 동지 여러분의 행운을 빕니다.

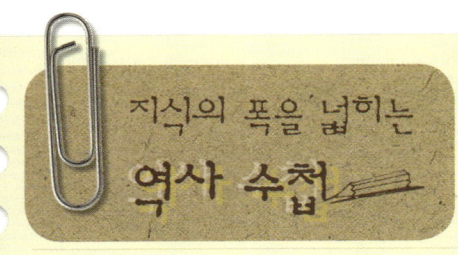

김대중 내란 음모 사건의 진실

1974년의 인민혁명당(인혁당) 사건과 1980년의 김대중 내란 음모 사건 등은 박정희와 전두환 군사 정권 시기에 권력자들이 조작한 대표적인 사건이다.

1972년 10월, 유신이 선포되자 숨죽이고 있던 학생과 민주 인사들이 유신 반대 투쟁을 벌였다. 이때 중앙정보부는 전국 민주 청년학생 연맹(민청학련)이 유신 반대 투쟁을 이끌고 있으며 민청학련은 북한의 지령을 받는 인혁당의 조종을 받는 단체라고 발표했다. 그래서 인혁당을 이끌던 23명을 체포해 도예종 등 8명에게 사형 선고를 내리고 나머지 15명에게는 무기 징역에서 징역 15년에 이르는 중형을 내렸다.

이때 대법원의 사형 선고를 받은 8명은 18시간 만에 사형을 당했다. 이 사건은 한국 정부의 대표적인 인권 침해 사건으로 전 세계에 알려졌으며 제네바 국제법학자협회는 사형이 집행된 1975년 4월 9일을 '사법사상 암흑의 날'로 선포했다.

그 뒤 2002년 9월, 의문사 진상규명위원회는 인혁당 사건이 중앙정보부가 조작한 것이라고 발표했다. 그러자 숨진 사람들의 가족들은 법원에 재심을 청구했고 2007년 1월, 인혁당 사건으로 사형당했던 8명 모두 억울한 누명을 쓰고 숨졌다는 게 밝혀져 무죄가 선고되었다.

김대중 내란 음모 사건도 마찬가지였다. 김대중은 사건의 주범으로 체포되어 949일 동안 억울한 옥살이를 해야 했다. 김대중은 대통령 임기가 끝난 2004년 1월, 법원에 재심을 청구해 23년 만에 무죄를 선고받았다. 법원은 '1980년 당시 신군부가 가장 영향력이 큰 야당 정치인인 김대중을 굴복시키기 위해 억지로 사건을 조작해 사형 선고를 내렸던 사건'이라며 김대중에게 무죄를 선고했다. 이때 김대중은 이런 소감을 밝혔다.

"이번 재판으로 국민과 역사는 반드시 승리한다는 진실을 다시 한 번 깨달았습니다. 앞으로도 사법부가 권력으로부터 독립되어 다시는 이와 같은 터무니없는 조작 사건으로 희생되는 사람이 없기를 바랍니다."

(노벨 평화상의 영광을 국민에게)

　　1992년 대통령 선거에서 패배한 김대중은 1993년 초, 영국 케임브리지 대학교로 유학을 떠났다. 김대중은 영국으로 떠나기 얼마 전 모스크바 국립 대학교로부터 명예 교수로 위촉받았고, 이어 영국 케임브리지 대학교의 초청을 받아 유학을 떠났던 것이다.

　　김대중은 목포 상업 학교를 졸업한 뒤 대학에 진학하는 대신 해운 회사에 취직해 사업가, 정치가로 활동하느라 대학 공부를 할 수가 없었다. 그 일은 김대중에게 늘 마음의 짐이 되었고 열등감에 시달릴 때도 있었다. 우리 사회가 학력과 학벌을 중요하게 여겼기 때문이다.

　　"김대중 씨의 학력은 목포 상업 학교를 졸업한 게 전부라며?"

　　"그렇다는군. 그런 사람이 어떻게 국회 의원에 당선되었는지 몰라."

　　"국회 의원뿐인가? 대통령 선거에도 몇 번이나 출마했잖아."

"아마 고졸 출신이라 번번이 떨어졌을 거야."

이렇게 수군거리는 사람들도 많았다. 그런 말을 들을 때마다 김대중은 마음에 상처를 입었고 대학에 가지 못한 것이 아쉽기만 했다.

김대중은 대학을 가지 않은 대신 남 모르는 노력으로 학문을 연구하고 지식을 쌓아 나갔다. 감옥에서나 가택 연금을 당했을 때도 책을 읽고 글을 쓰며 시간을 보냈다.

김대중은 비록 고졸이었지만 우리나라 역대 대통령 중에서 가장 지식이 풍부하며 국제 정세를 읽는 안목이 뛰어난 인물로 손꼽힌다. 그래서 세계적으로 이름 난 대학들마다 김대중의 능력을 높이 평가해 명예박사 학위를 주거나 명예 교수로 위촉했다. 그럼에도 김대중은 젊은 시절에 대학에 다니지 못한 것을 아쉬워하며 영국 케임브리지로 유학을 떠났고 그곳에서는 오직 학문을 연구하는 일에만 집중했다.

김대중은 케임브리지 대학교에서 학자로 연구 활동을 했는데 그때 가장 깊은 관심을 두었던 것이 통일 문제였다. 1980년대 말부터 1990년대 초반, 세계는 냉전 시대가 끝나고 동유럽 사회주의 국가들이 개혁을 시작했다. 소련도 해체되어 독립 국가 연합이라는 이름으로 저마다 독립했으며 동독과 서독은 하나의 나라가 되었다. 독일이 통일을 이룸에 따라 남한과 북한은 세계 유일의 분단국가로 남았다.

우리 민족은 세계 어느 민족보다 독일의 통일을 부러워했고 하루빨리 남북통일이 이루어지길 기대했다. 하지만 어떤 식으로 통일해야 할지 갈피를 잡지 못했다. 독일처럼 흡수 통일을 하려면 남한의 경제력이 훨씬 더 높아야 했다. 2000만 명이 넘는 북한 주민들을 남한 사람들과 비슷한 수준으로 살게 하려면 식량과 주택뿐 아니라 일자리를 제공해야 하기 때문이다. 그러기 위해서는 남한 사람들이 어마어마한 세금을 내야 한다. 그뿐 아니라 정치와 문화, 국방, 주변국들과의 외교 관계 등도 꼼꼼히 따져야 할 부분이 매우 많다.

이처럼 흡수 통일에 여러 가지 문제가 따른다면 다른 방법을 찾아야 했다. 김대중은 1970년대부터 남북 연합 단계, 연방 단계, 완전 통일 단계 등 3단계 통일론을 주장했다. 하지만 우리나라 국민에게 연합이니 연방이니 하는 개념

이 익숙지 않은 데다 3단계 통일론이 북한의 주장과 비슷하다고 여겨져 그의 주장은 주목받지 못했다. 그럼에도 김대중은 남북통일의 방법을 계속 연구해 나갔다. 훗날 김대중의 남북한 화해 정책을 상징하는 햇볕 정책이 싹튼 것도 이 무렵이었다.

정치 활동을 하면서 시련이 끊이지 않았던 김대중은 꽃을 가꾸고 새들을 보살피는 일을 커다란 위안으로 삼았다. 김대중은 가택 연금을 당할 때나 심지어 교도소에 갇혔을 때에도 꽃밭을 가꾸는 일을 좋아해 매일 꽃밭에 물을 주고 잡초를 뽑았다. 그는 자신이 가꾼 꽃밭에 꽃이 활짝 피고 열매를 맺어 참새들이 날아드는 모습을 매우 좋아했다. 그래서 참새들이 올 때를 기다렸다가 모이를 뿌려 주고는 했는데 처음에는 서너 마리였던 참새가 나중에는 100마리도 넘게 늘어난 적도 있었다.

하루는 아내 이희호가 우스갯소리를 했다.

"아니, 그렇게 참새들에게 쌀을 주면 아깝지 않아요?"

"하하하! 내가 녀석들한테 모이를 준 만큼 밥을 적게 먹으면 되지요. 난 이 녀석들이 매일 우리 집을 찾아주는 게 여간 기쁘지 않다오."

이처럼 꽃을 가꾸고 새들에게 모이를 주는 생활은 영국에서도 계속 이어졌다.

마침 김대중은 아파트 1층에 살아서 작은 화단을 가꿀 수 있었다. 그러자 얼마 뒤 화단에 한국의 참새와 비슷하게 생겼지만 크기가 조금 큰 '로빈'이라는 새들이 모여들었다. 김대중은 녀석들에게도 빵 부스러기나 쌀을 뿌려 주고는 했다.

김대중이 영국에서 남북통일 문제를 연구한 뒤 1994년에 귀국했을 때 야당은 제 구실을 못하고 있었다. 3당 합당에 따라 여당은 거대해졌지만 야당은 세력이 크게 약해졌기 때문이다. 여당이 큰 힘을 가지고 있으면 '일당독재'가 될 위험이 많고 거꾸로 야당이 여당보다 큰 힘을 가지면 나라가 혼란해질 염려가 있다.

그런데 야당이 있으나마나한 정당이 되어 여당의 독재를 막지 못하는 것을 보고 김대중은 크게 실망했다. 결국 김대중은 다시 정치 활동을 하기로 결심하고 '새정치국민회의'라는 정당을 만들었다.

더 이상 정치를 하지 않겠다고 선언했던 김대중이 다시 야당 지도자로 나서자 많은 사람이 비난했다. 하지만 김대중이 강력하고 건전한 야당을 이끌게 된 것을 환영하는 사람들이 훨씬 많았다.

"정계 은퇴를 선언했으면 약속을 지키는 게 도리 아닌가?"

"하지만 야당이 병 든 닭처럼 힘을 못 쓰고 있으니 김대중 씨가 나서는 게 옳아."

"야당이 힘이 있어야 좋은 정책도 제시하고 정치가 발전하지. 난 김대중 씨가 다시 정치를 하는 걸 찬성하네."

1997년 김대중은 다시 대통령 후보로 나섰다. 벌써 네 번째 도전이었다. 대통령 선거에 출마할 때마다 패했지만 김대중의 열정과 도전 정신은 결코 식지 않았다.

1997년 12월, 대통령 선거를 며칠 앞두고 사람들의 관심은 온통 두 후보에 쏠려 있었다.

"이회창일까? 김대중일까?"

이회창은 여당인 신한국당의 대통령 후보였다. 신한국당에서는 같은 해 7월, 대통령 후보를 뽑기 위한 경선을 치렀는데 이때 이회창이 이인제에게 승리했다. 그러자 이인제는 신한국당을 나가 '국민신당'이란 정당을 만들고 대

신한국당 | 민주자유당의 새 이름이며 1997년 11월에 한나라당으로 이름이 바뀌었다.

통령 후보로 출마했다. 이인제는 신한국당에 있을 때는 지지를 받았지만 경선 결과에 승복하지 않고 새로운 정당을 만들었기 때문에 국민의 관심에서 멀어졌다.

한편 대법관, 국무총리 등을 지냈던 이회창은 판사로 있을 때 '대쪽 판사'라는 별명을 얻을 만큼 올곧은 성격이었다. 사람들은 대개 정치인이라고 하면 술수를 잘 쓰거나 거짓말을 밥 먹듯이 하는 기회주의적인 인물로 여기고는 한다. 그래서 대쪽 판사였던 이회창이 대통령 후보로 나서자 큰 관심을 끌었다.

김대중은 1971년부터 네 번이나 대통령 선거에 나왔기 때문에 참신한 인물이 아니었다. 게다가 그의 나이는 일흔세 살로 이회창보다 열한 살이 많았다. 여러모로 김대중이 불리한 선거였다. 대통령 후보들끼리 합동 토론회를 하면 사회자나 청중들은 으레 김대중의 건강을 염려하는 발언을 했다. 그럴 때마다 김대중은 자신이 건강하다는 걸 설명하거나 증명해야 했다.

그러나 김대중이 모든 점에서 불리한 것만은 아니었다. 그는 수십 년 동안 한국의 민주화를 위해 싸워 온 풍부한 경험이 있었고 야당 지도자로서 정부와 여당에 무조건 반대만 한 게 아니라 수많은 정책을 제시해 왔다. 특히 경제 정책이나 통일 정책에서 김대중이 가진 풍부한 학식과 견해를 뛰어넘는 후보는 없었다. 그래서 김대중은 텔레비전 광고, 선거 포스터 등에서 자신을 '준비된 대통령'으로 소개했다.

두 후보의 선거전이 뜨겁게 달아오르고 있을 때 이회창 후보의 심각한 약점이 드러났다. 그의 두 아들이 군대를 다녀오지 않았다는 게 밝혀진 것이다. 국민에게 병역의 의무는 무척이나 예민한 문제였다. 누구든 공평하게 병역의 의무를 져야 했는데 부자들, 특권층들은 온갖 술수를 써 병역의 의무를 저버리고는 했기 때문이다.

　누구는 열심히 훈련받고 밤잠을 이루지 못하며 나라를 지키는데 누구는 미꾸라지처럼 빠져 나가 많은 돈을 벌고 출세한다면 불공평한 일이다. 그래서 대수롭지 않은 이유로 병역이 면제된 사람들을 고운 시선으로 보지 않았다.

　"이회창 후보의 아들은 키가 180이 넘는다던데 몸무게가 45킬로그램이 안 된다니 이게 대체 말이 되는 거야?"

　"입만 열면 국방이 중요하다, 안보가 중요하다고 떠드는 자들일수록 제 아들을 군대에 안 보내는 경우가 많더군."

　"그러게. 여당 국회 의원들이나 그 아들 중엔 병역 면제자가 많다지?"

　"국회 의원뿐인가? 돈 좀 있다는 부자며 유명 연예인, 운동선수들 중에서도 꽤 많다던데. 그들은 정당한 이유로 병역을 면제받았다고 하지만 이해할 수 없는 일이야. 그런 사람들일수록 솔선수범해 병역의 의무를 마치는 게 옳지 않을까?"

　결국 1997년 12월 18일 치러진 제15대 대통령 선거에서는 김대중 후보가 승리했다. 2위인 이회창 후보와는 고작 39만 표 차이였다. 만약 3위였던 이인제 후보가 따로 출마하지 않고 이회창 후보를 도와주었더라면 김대중을 몇 백 만 표 차이로 눌렀을지도 모른다. 그래서 '김대중이 당선되는 데 가장 큰 공을 세운 사람은 이인제'라는 말이 한동안 유행하기도 했다.

　김대중은 국회 의원에도 4전 5기로 힘겹게 당선되었듯이 대통령도 3전 4기로 당선되었다. 1971년에 처음 대통령 후보로 출마한 뒤로 26년 만에 비로소 대통령의 꿈을 이루었다.

　사람들은 '36년 만에 정권 교체가 이뤄졌다.'며 기뻐했다. 4·19 혁명으로 집권했던 민주당이 1961년 5·16 군사 정변으로 권력을 빼앗긴 뒤 36년 만에

다시 집권했기 때문이다. 새정치국민회의는 1960년대의 민주당에 뿌리를 둔 정당인 데 비해 한나라당은 군사 정권이던 민주 공화당에 뿌리를 두었다. 그래서 김대중의 당선으로 전통적인 여당과 야당의 역할이 바뀌었기 때문에 정권 교체가 이루어졌다고 말한 것이다.

그 무렵 우리나라 경제는 매우 큰 위기를 맞고 있었다. 자칫하면 나라가 부도를 당할지 모르는 위험한 때였다. 김대중 대통령에게는 IMF 외환 위기를 벗어나는 게 가장 시급한 문제였다. 이때 경제 위기를 이겨 내기 위해 정부뿐 아니라 국민과 시민 단체, 기업 등이 눈물겨운 노력을 기울였다.

특히 많은 국민이 금 모으기 행사에 자발적으로 참여했다. 외국에 금을 팔아 달러를 벌어들이려고 시작된 이 행사에 사람들은 돌 반지 등의 순금을 가지고 나와 팔았다. 이 금 모으기 행사는 일제 강점기가 시작될 무렵에 일어났던 '국채 보상 운동'에 비유되고는 한다.

이밖에도 아껴 쓰고 나눠 쓰며, 바꿔 쓰고 다시 쓰자는 '아나바다' 운동과 같은 절약 운동을 벌였으며 한국 기업들을 살리기 위해 국산품 애용 운동도 벌여 나갔다.

기업에서는 이익이 남지 않는 사업을 정리하고 사원들을 해고하는 '기업 구조 조정'을 했다. 그 일로 수많은 직장인이 하루아침에 일자리를 잃고 거리를 떠돌아야만 했다. 서울 역 등에는 헤아릴 수 없이 많은 노숙자가 생겨나 한동안 심각한 사회 문제로 떠올랐다.

정부는 부실 기업을 정리하거나 외국 기업에 팔도록 권했다. 또한 각 기업과 금융 기관들이 튼튼한 재정을 갖출 수 있도록 철저히 관리하고 감독해 나갔다. 사회단체들은 금 모으기 운동, 아나바다 운동 등을 홍보했으며 기업 구조 조정에 따라 생겨난 실업자와 노숙자들에게 식사를 제공하거나 새로운 일자리를 소개하는 등의 노력을 기울였다.

그 결과 우리나라는 IMF와 국제 사회의 예상보다 훨씬 빨리 경제 위기에서 벗어날 수 있었다. 하지만 실업자 문제, 외국 자본에 넘긴 기업 문제 등으로 심각한 후유증에 시달려야만 했다.

온 국민이 IMF 외환 위기에서 벗어나기 위해 노력하던 무렵, 정주영 현대 그룹 명예 회장이 1998년 6월 16일, 한우 1001마리를 이끌고 판문점을 넘어 북한을 방문했다. 이 행사는 전 세계의 이목을 집중시켰으며 정주영 회장이 소떼를 몰고 판문점을 넘는 순간을 한국의 여러 방송사뿐 아니라 미국의 CNN 등이 생중계하기도 했다. 그만큼 그 행사가 갖는 의미가 컸기 때문이다. 남한의 민간 기업인이 1000마리가 넘는 한우를 북한에 지원하는 것도 처음이었고 판문점을 넘어 육로로 북한 땅을 밟은 것도 6·25 전쟁 이후 처음이었다.

그 장면을 생중계로 지켜보던 시청자들은 입을 다물지 못했다. 현대자동차가 만든 트럭 수백 대에 소들을 나누어 태우고 판문점을 넘는 장면은 놀라움과 큰 감동을 주었다.

북한에 고향을 두었던 정주영은 청년 시절에 집에서 키우던 소 한 마리를 몰래 팔아 남한으로 내려왔다. 그 뒤 온갖 고생을 한 끝에 현대 그룹이라는 대기업을 일궈 낸 인물이었다.

정주영은 늘 북한에 두고 온 가족들과 고향을 그리워했는데 남북 교류가 활발해지자 금강산 관광 사업을 비롯해 여러 가지 대북 사업을 펼치기로 결심했다. 그리고 북한의 산업을 발전시키고 식량난을 돕기 위해 한우 1001마리를 두 차례에 나누어 북한에 지원했던 것이다. 그 일은 '소떼 방북' 또는 '황소 외교'로 불리기도 했다.

▲ 소를 싣고 판문점으로 향하는 트럭들 | 1998년 6월 정주영 현대 그룹 명예 회장이 소떼를 트럭에 싣고 판문점으로 향하고 있다.

　소떼 방북이 있은 뒤 얼마 지나지 않아 현대 그룹은 북한과 금강산 관광 계약을 맺었다. 이에 따라 같은 해 11월 18일부터 남한의 민간인들이 금강산을 방문하기 시작했다. 금강산 관광 사업은 남북 분단 후 50여 년 만에 이뤄진 본격적인 남북 교류라는 점에서 매우 큰 의미가 있다.
　금강산 관광은 남한 사람들에게 큰 인기를 얻어 2005년 6월에는 금강산 관광객이 100만 명을 넘기도 했다. 하지만 이명박 정부가 들어선 2008년 7월, 금강산 관광을 갔던 한 관광객이 북한군에게 사살된 후 사업은 중단되고 말았다.

개성 공단 사업도 금강산 관광 사업과 함께 중요한 남북 교류 사업으로 손꼽힌다. 개성 공단 사업이 본격적으로 시작된 것은 2000년 6월, 남북 정상 회담이 이뤄진 뒤부터였다.

본래 고려의 수도였던 개성은 북한의 제2 도시이며 서울과 거리도 가까웠다. 남한의 현대아산(주)과 북한의 김정일 위원장은 개성을 세계적인 '국제 자유 경제 지대'로 개발하기로 뜻을 모았다. 남한이 70년 동안 개성의 넓은 토지를 빌려 개성 공단, 국제 자유 도시 등을 건설하기로 했던 것이다.

개성 공단 건설이 시작된 뒤 남한의 수많은 기업체가 개성 공단으로 들어가 북한의 값싼 노동력으로 물건을 생산했다. 남한 기업들은 싼 값에 북한의 토지와 노동력을 이용했고 북한은 수만 명이 일자리를 얻고 경제를 발전시킬 수 있으니 '누이 좋고 매부 좋은 격'이었다.

이전까지 한반도는 '세계의 화약고' 중 하나로 여겨졌다. 따라서 남한과 북한이 긴장하거나 갈등에 휩싸이면 주변 강대국에 곧바로 영향을 주며 더 나아가 전 세계를 위험에 빠뜨릴 수 있었다.

그러한 때에 김대중 대통령은 북한을 강제로 압박하기보다는 북한 스스로 개방하고 개혁해 나갈 수 있도록 도와주어야 한다는 것을 강조했다. 그것이 바로 햇볕 정책이었다.

햇볕 정책은 남북한의 경제 협력, 긴장 완화와 평화적인 관계 등 많은 효과를 불러 일으켰다. 그리고 역사적인 남북 정상 회담을 성공적으로 마침에 따라 동북아시아와 전 세계의 평화를 지키는 데 큰 역할을 했다. 그런 공로를 인정받아 김대중은 2000년에 한국인 최초로 노벨 평화상을 받았다.

노벨상은 물리학상, 화학상, 생리·의학상, 경제학상, 문학상, 평화상 등

6개 분야로 나뉘어 해마다 각 분야에서 가장 큰 업적을 남긴 사람을 수상자로 선정한다.

다른 노벨상이 스웨덴 왕립 과학아카데미, 카롤린스카 의학연구소, 스웨덴 아카데미 등에서 선정하는 것과는 달리 노벨 평화상은 노르웨이 노벨 위원회가 선정해 시상하고 있어 노벨상 중에서도 최고의 권위를 인정받고 있다.

노벨 평화상 수상자를 결정하는 과정은 매우 까다롭다. 먼저 매년 10월 무렵, 노벨 위원회가 전 세계 각국 국회 의원, 각료를 비롯해 여러 국제기구의 회원, 각 분야의 현직 대학 교수 1000여 명으로부터 수상자 예비 후보를 추천받는다. 이때 추천받은 사람들은 다시 노르웨이 의회가 선출한 다섯 명의 위원들의 심사를 받아 노벨 평화상 후보자가 되며 다시 최종 결정을 통해 노벨 평화상 수상자가 될 수 있다.

▲ 노벨 평화상을 수상한 김대중 대통령과 베르게 위원장 | 김대중 대통령은 세계 평화와 인권, 민주화에 대한 노력을 인정받아 2000년 노벨 평화상을 수상했다.

노벨 평화상 시상식은 노벨이 죽은 날인 12월 10일, 노르웨이 수도인 오슬로에서 열린다. 세계 평화에 크게 이바지한 사람에게 주어지는 노벨 평화상은 상을 받는 개인뿐 아니라 수상자의 조국에도 큰 영광이라 할 수 있다.

김대중은 한국에서 6월 민주 항쟁이 일어났던 1987년부터 해마다 노벨 평화상 후보에 오르다가 2000년에야 마침내 수상자로 선정되어 한국인 최초로 노벨상을 받는 영광을 안았다.

그동안 한국은 노벨 물리학상, 문학상, 의학상 등에서 수상자를 내기 위해 많은 노력을 기울여 왔다. 각 분야에서 노벨상을 받을 만한 실력을 보여 준 사람도 많았지만 수상자가 한 명도 나오지 않았다. 그렇기 때문에 김대중의 노벨 평화상 수상은 한국인 모두에게 매우 의미있고 기쁜 일이었다.

많은 사람은 김대중 대통령이 남북 정상 회담을 성공적으로 마쳤기 때문에 노벨 평화상을 받게 되었다고 생각했다. 남북 정상 회담이 김대중의 노벨상 수상에 큰 영향을 준 것은 사실이다. 그러나 노벨 위원회는 평화상 후보자가 오랫동안 추구해 온 세계 평화와 인권, 민주화에 대한 노력을 평가해 수상자를 결정한다.

2000년 10월 13일, 노벨 위원회 군나르 베르게 위원장은 그해의 수상자를 발표하면서 다음과 같은 이유를 밝혔다.

"한국의 김대중 대통령은 한국과 동아시아의 민주주의와 인권 증진, 특히 북한과의 평화와 화해에 기여한 공로가 매우 큽니다. 이에 따라 2000년 노벨 평화상 수상자로 결정되었습니다."

이 소식을 듣고 김대중은 다음처럼 소감을 밝혔다.

"오늘의 영광은 지난 40년 동안 민주주의와 인권, 그리고 남북한의 화해와 협력을 일관되게 지지해 준 국민의 성원 덕분입니다. 저는 이 영광을 우리 국민 모두에게 돌리고자 합니다."

남해안의 외딴섬에서 태어나 어린 시절을 보냈던 김대중의 삶은 그의 별명인 '인동초'와 같았다. 한 겨울의 매서운 추위를 거뜬하게 버텨 내고 새 봄을

맞는 인동초처럼 김대중의 생애는 시련과 도전의 연속이었다. 김대중은 숱한 탄압을 받으면서도 오히려 탄압한 사람들을 따뜻하게 용서하고 감싸 주었다.

  2003년 대통령 임기가 끝난 뒤로도 김대중은 줄곧 남북한의 평화와 민주주의를 위해 애쓰다가 2009년 여든다섯 살의 나이로 세상을 떠났다. 이때 국내뿐 아니라 전 세계의 정치 지도자들과 유명인들이 김대중의 죽음에 애도 성명을 발표했다.

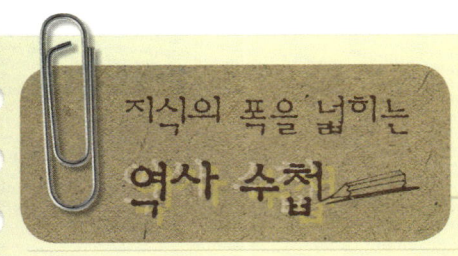

2002년 한일 월드컵과 거리 응원

김대중 대통령이 재임하고 있던 2002년에는 세계적인 스포츠 축제인 월드컵 대회가 우리나라와 일본에서 공동으로 개최되었다. 월드컵 대회는 세계적으로 인기가 있어서 세계 각국에서 월드컵을 유치하느라 치열한 경쟁을 벌인다. 한국은 1988년 서울올림픽을 성공적으로 치른 경험을 살려 2002년 월드컵 대회를 유치하기로 했다. 그런데 같은 시기에 일본에서도 월드컵을 유치하겠다고 나서 한국과 일본의 치열한 경쟁이 시작되었다.

1996년 5월 31일, 국제 축구 협회(FIFA)는 한국과 일본이 공동으로 2002년 월드컵을 개최하도록 결정했다. 월드컵이 유럽, 아메리카 이외의 대륙에서 열린 것은 이때가 처음이었고 이웃한 두 나라가 공동으로 개최한 것도 처음이었다.

국제 축구 협회는 한국과 일본의 공평함을 위해 대회의 공식 명칭을 '2002 FIFA World Cup Korea-Japan(2002년 한일 월드컵)'이라 하여 한국을 일본보다 먼저 부르게 했다. 참고로 올림픽은 '서울올림픽'처럼 개최한 도시의 이름을 붙이는데 월드컵은 개최국의 이름을 붙여 그 시기와 장소를 구분한다.

국제 축구 협회는 대회 명칭에 한국을 먼저 쓰게 하며 한국에서 월드컵 개막전을 열게 하는 대신 시청률이 가장 높은 결승전은 일본에서 열게 했다. 한국과 일본은 월드컵을 치르기 위해 전국 각 도시별로 10개씩의 월드컵 전용 경기장을 건설했다.

월드컵을 개최할 무렵만 해도 한국과 일본의 축구는 세계적으로 그다지 주목받지 못했다. 그런데 한국 대표팀은 개최국의 강점을 살려 역사상 최초로 월드컵 4강에 오르는 영광을 누렸다. 준결승 때 독일에 0 : 1로 패배해 결승에 오르지는 못했지만 2002년 한일 월드컵은 우리 민족의 열정과 기상을 전 세계에 보여 준 최대의 축제였다. 한국 대표팀 경기가 벌어질 때마다 붉은 색 티셔츠를 입은 남녀노소 수백만 명이 거리 응원을 펼쳤고, 이러한 '붉은 악마'들의 열광적인 모습은 전 세계로 중계되어 2002년 한일 월드컵을 상징하는 모습이 되었다.

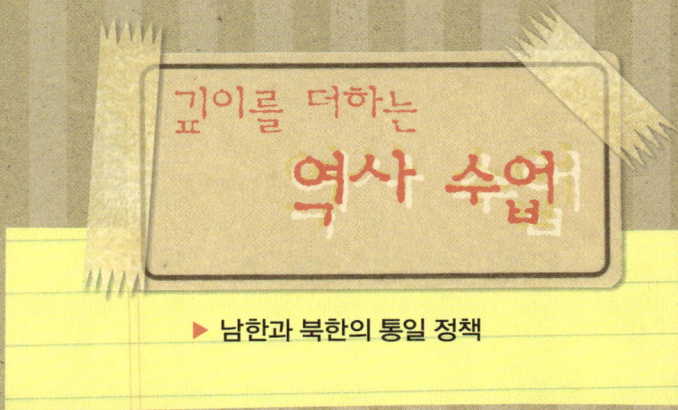

▶ 남한과 북한의 통일 정책

남한과 북한의 통일 정책

1945년 한반도가 남과 북으로 분단된 후 양측 책임자들은 통일을 위한 수많은 정책을 내놓았다. 그리고 남북 고위급 회담, 적십자 회담, 정상 회담 등을 통해 통일을 위해 노력해 왔지만 통일의 길은 멀고 험난하기만 하다.

○ 1950년대

북한은 처음부터 남한을 적화 통일하는 것을 목표로 삼았다. 여기서 적화란 공산주의 사회를 만든다는 뜻이며, 적화 통일이란 남한을 공산주의 국가로 만들겠다는 뜻이다. 1950년 북한이 남한을 공격해 6·25 전쟁을 일으킨 것도 적화 통일을 하기 위해서였다.

이승만은 '북진 통일'을 주장했다. 북한으로 진격해 한반도를 통일시키자는 주장이었다. 그런데 적을 공격하려면 적보다 3배 이상의 군사력이 필요하다. 하지만 당시는 남한의 군사력이 북한보다 약할 때였다. 북한을 공격하려면 미국으로부터 강력한 무기를 지원받아야 했는데 미국에서는 그럴 뜻이 조금도 없었다. 따라서 이승만의 북진 통일 주장은 헛된 구호로 그치고 말았다.

○ 1960년대

남한과 북한은 분단된 이후 오랫동안 서로의 체제를 인정하지 않았다. 남한에서는 북한을 소련과 중공(중국)의 지시를 받는 괴뢰(꼭두각시) 집단으로 여겼고, 북한도 남한 정부를 미국의 영향을 받는 괴뢰 집단으로 보았다. 남한과 북한이 서로를 하나의 정부로 인정하게 된 것은 1991년, 유엔에 동시 가입한 뒤였다.

1960년 4·19 혁명에 따라 이승만 정권이 무너지고 들어선 제2공화국 때에는 평화적인 통일 정책이 만들어졌다. 제2공화국 때에는 북진 통일론을 없애고 유엔의 감시 속에서 남한과 북한의 자유 총선거를 통해 통일 정부를 세울 것을 주장했다.

한편 북한 김일성 정권은 남북 연방제를 주장했다. 이때부터 북한은 연방제를 줄기차게 고집해 왔는데 시기에 따라 연방제의 방법이나 명칭이 조금씩 달라졌다. 첫 번째로 주장했던 남북 연방제는 남한은 자본주의, 북한은 사회주의를 그대로 발전시키며 남한과 북한 정부의 대표들로 이뤄진 최고 민족위원회를 만들어 경제와 문화를 통일해 발전시키자는 것이었다.

○ **1970년대**

1970년대 들어서 북한은 남북 연방제를 '고려 연방제'로 바꿔 불렀다. 고려 연방제는 남북한의 통일 국가 이름을 '고려'로 정하자는 것이며 나머지 내용은 남북 연방제와 비슷했다.

박정희가 집권했던 제3공화국과 제4공화국 때는 처음으로 남북 당국자 회담이 이뤄지면서 통일 정책도 발전했다. 박정희는 남한의 경제 발전을 이룩한 뒤 통일을 하자는 '선건설 후통일' 정책을 폈다. 따라서 제3공화국 때에는 '우리의 소원은 통일'과 같은 노래를 마음대로 부

▲ 1973년 6·23 선언에 대한 협의를 하고 있는 여야 국회 의원들

를 수가 없었다. 당시 우리의 소원은 오직 경제 발전이었기 때문이다. 그러다가 1972년 남북 당국자 회담을 가진 뒤 7·4 남북 공동 성명을 통해 '자주, 평화, 민족 대단결'이라는 통일의 원칙을 밝혔다. 7·4 남북 공동 성명은 남한과 북한이 동시에 통일 원칙을 밝혔다는 점에서 매우 큰 의미가 있다.

박정희는 이듬해인 1973년 6월 23일, 평화 통일 외교 정책에 관한 특별 성명을 발표했다. 이를 6·23 선언이라 부르는데 모두 일곱 가지 내용으로 이뤄져 있다. 이 선언에 따르면 '남한과 북한은 서로의 내정에 간섭하지 않는다. 남북한이 동시에 유엔에 가입한다. 북한이 국제 기구에 참여하는 것을 반대하지 않는다. 모든 국가에게 문호를 개방한다.' 등이었다.

북한은 6·23 선언이 남북 분단을 계속 이어 가자는 뜻을 담고 있다며 크게 반대했다. 그러면서 그때까지 이어지던 남북 대화를 일방적으로 중단시켰다.

○ **1980년대**

1980년대가 되자 북한은 고려 연방제에서 한 걸음 더 나가 '고려민주주의 연방공화국'을 세우자고 제의했다. 고려 연방제가 국가 연합을 제안한 데 비해 고려민주주의 연방공화국은 연방 국가를 제안했다는 게 다르다.

그렇다면 국가 연합과 연방 국가는 어떻게 다를까?

국가 연합은 국제법상 구성국이 저마다 주체가 되고, 진정한 하나의 국가가 아니다. 대내적 통치권은 구성국 정부가 입법, 집행, 사법권을 나누어 갖으며, 외교권과 병력은 구성국 정부가 저마다 갖는다. 독립 국가 연합(CIS), 유럽 연합(EU) 등이 있다.

연방 국가는 국제법상 연방 국가가 주체이고, 진정한 하나의 국가이다. 대내적 통치권은 연방 정부와 주정부가 입법, 집행, 사법권을 나누어 갖으며, 외교권과 병력은 연방 정부가 갖는다. 주요 사례로 미국(미합중국)이 있다. 그러므로 국가 연합은 연방 국가보다 결속력이 느슨하다.

남한에서는 처음에는 국가 연합이나 연방국에 반대했지만 차츰 변화를 보이기 시작했다. 북한도 연방 제도에 대한 거부감을 줄이기 위해 '낮은 단계의 연방제' 등을 제의하며 남한의 변화를 요구했다.

한편 김대중은 1970년대부터 '3단계 통일론'이라는 독특한 이론을 내세웠다. 3단계란 남북 연합 단계, 연방 단계, 완전 통일 단계를 일컫는 것으로 처음에는 느슨하게 연합하다가 연방 단계를 거쳐 완전한 통일을 이루자는 주장이었다.

○ 1990년대 ~ 2000년대

2000년 6월 15일에 발표된 6·15 공동 선언의 제2항은 '남과 북은 남측의 연합제안과 북측의 낮은 단계의 연방제안이 서로 공통성이 있다고 인정하고 앞으로 이 방향으로 통일을 추진해 나간다.'고 되어 있다. 이 말은 국가 연합의 형태로 통일을 해 나가자는 뜻을 담고 있다.

하지만 이 같은 통일 방법에 대해선 찬반 의견이 팽팽하게 엇갈렸으며 오늘날에는 남북한 사이에 긴장감이 높아짐에 따라 6·15 공동 선언, 10·4 공동 선언 등이 별다른 효력을 발휘하지 못하고 있다.

▲ 2000년 6·15 남북 공동 선언 실천을 위한 2000통일맞이 대축전 행사

초등 교과연계

5-2 사회 3. 대한민국의 발전과 오늘의 우리

6-1 사회 2. 우리 경제의 성장과 과제

중등 교과연계

2 사회 5. 현대 사회와 민주 시민

3 사회 1. 민주 정치와 시민 참여